Régions d'enfance

Les textes rassemblés dans ce recueil ont été publiés dans *Zadig*.

Zadig n° 7, « Le puits d'amour », Bernard Chambaz, septembre 2020
Zadig n° 5, « Je viens de là », Philippe Delerm, mars 2020
Zadig n° 6, « Ma montagne magique », Valentine Goby, juin 2020
Zadig n° 3, « Une éducation en Pays Gallo », Jean-Paul Kauffmann, septembre 2019
Zadig n° 1, « Voilà, je viens du Havre, c'est ma provenance », Maylis de Kerangal, mars 2019
Zadig n° 2, « Nice, ma ville d'enfance », Véronique Olmi, juin 2019
Zadig n° 4, « Les Hauts d'enfance », Michel Quint, novembre 2019
Zadig n° 10, « Le menhir et le boulet », Daniel Rondeau, mai 2021
Zadig n° 8, « Le revenant de l'Appart'city », François Taillandier, décembre 2020

ISBN : 978-2-0804-7678-4
ISSN : 3039-3809

Bernard Chambaz – Philippe Delerm –
Valentine Goby – Jean-Paul Kauffmann –
Maylis de Kerangal – Véronique Olmi –
Michel Quint – Daniel Rondeau –
François Taillandier

Régions d'enfance

Autrement

Lancé en mars 2019, *Zadig* est un magazine trimestriel qui se propose de raconter au plus près du terrain et au plus profond des idées une belle inconnue : la France. Et plus précisément : toutes les France qui font la France. Celle des grandes villes, des provinces, des cultures hexagonales, des spécificités de l'outre-mer. Celle de nos passions communes et de nos chemins intimes. Ce récit tissé de mille récits se propose d'écrire à plusieurs mains – et plusieurs grandes voix – le roman vrai de notre pays, convoquant historiens, sociologues, géographes, écrivains et artistes, et bien sûr journalistes. En confiant aux éditions Autrement ses plus beaux moments de lecture, *Zadig* s'inscrit grâce à ce partenaire curieux et exigeant dans une pérennité heureuse. Pour dire la France *autrement*.

Éric Fottorino

LE PUITS D'AMOUR

Bernard Chambaz

Haute enfance comme on dit haut Moyen Âge pour en désigner les commencements, une perception première du monde dilatée à l'envi. Je consens à m'y replonger, sans une once de nostalgie, nous n'aurions rien à y gagner. Mille raisons me poussent à penser souvent à *L'Arrière-pays* publié par Yves Bonnefoy au début des années soixante-dix ; j'y repense aujourd'hui pour cette double ligne à plomb géographique qui a fondé son enfance, avant le miracle italien : d'un côté la grisaille d'un quartier pauvre de Tours ; de l'autre le Lot, l'horizon du causse et l'évidence d'un été infini. Si je regarde de mon côté, j'observe d'un côté Paris, de l'autre la Dordogne.

Et disant Dordogne, l'écrivant, je vois à la fois la rivière qui manque d'un rien l'appellation de fleuve et le numéro du département sur les plaques minéralogiques des automobiles, 24, comme le nombre d'heures dans la journée et d'images à la seconde au cinéma, 24, comme le nombre des chapitres de l'*Iliade* et de l'*Odyssée*. Mais la Dordogne en réalité c'était – pour moi – la Vézère, une autre rivière, sensiblement moins large, voire la bourgade du Bugue, chef-lieu de canton depuis qu'il y a des cantons, donc depuis 1790. Et, pour tout dire, la Dordogne c'était la maison de villégiature de mes grands-parents maternels, à La Douch, un hameau situé à 1 kilomètre, à l'écart de la route nationale et de ses petites bornes couronnées d'un chapeau rouge en demi-lune, quatre foyers et quelques hangars posés à flanc de coteau, au-dessus de la source où nous descendions chercher l'eau potable bien qu'un farfelu y cultivât du cresson, au-dessus d'un virage en épingle à cheveux taillé dans le silex et d'une dernière portion de route pentue où, une après-midi du mois d'août, j'étais resté pétrifié un temps infini parce qu'une vipère s'y dorait la peau en plein soleil.

Tout se passe, on le voit, dans un petit périmètre, dans une espèce de Mésopotamie intérieure marquée par la douceur de leurs noms, Dordogne et Vézère, la lumière différente sur chacune, l'une plus sereine, l'autre plus inquiète. La légèreté des choses et l'exiguïté du périmètre n'empêchaient pas de percevoir quelques signes des grandes injustices qui affectent le corps social. Et ce qui me plaît aujourd'hui c'est de montrer tout ce qui du monde d'avant a tout lieu de se perpétuer dans le nouveau monde. Je retourne vers ces « chemins intimes » qui n'ont de portée que par l'infime part d'universel dont ils pourraient être un reflet. Et c'est soudain comme si j'avais tout appris – ou presque – de la vie, là-bas, dans les années cinquante, qui furent les dix premières de mon existence.

Ma passion du paysage est née dans cet horizon vallonné, régie par la sensation de l'été, la chaleur, la touffeur la nuit, un ciel sans nuages, par-ci par-là un orage, un brin d'air après l'orage, la merveilleuse monotonie d'un climat sec malgré quelques demi-journées où il pouvait pleuvoir à verse pour les champignons. Dans ce paysage, les arbres jouaient leur partition, solitaire ou en sous-bois profond, un noyer, un orme, des marronniers, des châtaigniers. À chaque arbre son registre, l'ombre à éviter pour le noyer, la maladie pour l'orme qui dépérissait d'année en année, les bogues lisses des marronniers et piquantes des châtaigniers. À part, un arbre de la liberté flottait sur la colline en face, devant la maison d'un conseiller municipal.

Le séjour au Bugue m'initiait au monde rural. J'y découvrais des vaches laitières dotées de noms glorieux, Brunette, Blanchette, qui rentraient à l'étable à heure fixe. Dans la cour de la ferme, nous croisions des poules, un coq forcément, d'ailleurs il nous réveillait le matin, les lapins aux yeux rouges enfermés dans des clapiers, les deux pintades à barbillons violets, des oies à l'espérance de vie réduite dont il fallait se méfier comme si elles avaient deviné ce qui les attendait, les mouches sur les vaches, les mouches dans l'air, les mouches accrochées au papier tue-mouche suspendu au plafond et qui se débattaient, en musique, une petite minute avant de renoncer. Nous vivions dans un espace commun avec les animaux, nous leur portions toute l'attention qu'ils requéraient, mais le contact de leur peau, de ce qui palpitait en dessous, m'effrayait. Je n'étais pas beaucoup plus doué avec les ailes de papillons. En revanche, je m'adonnais avec une sainte fureur à la guerre contre les moustiques envoyés par le créateur pour nous gâcher les nuits.

M. et Mme Perrot étaient les voisins de mes grands-parents. Aussi bonnes soient leurs relations, j'ai vite eu l'intuition d'une distance entre leurs univers. Ils cultivaient le tabac, le maïs, dans ce pays de polyculture et de petite propriété peu mécanisée. Il n'y avait pas de tracteur dans le hameau. Mais j'étais invité à grimper dans la charrette pour remonter de la combe les feuilles de tabac, les décharger dans le hangar où régnait une lumière que je reverrai seulement dans les romans de Faulkner. Les mannes de Jacquou le Croquant et des jacqueries s'étaient émoussées. En fait, la paysannerie – sinon les paysans – était déjà sur le déclin.

Zézette semblait pourtant démontrer le contraire. À peine quarante ans, accueillante, joyeuse, elle habitait une ferme isolée avec son mari, un timide qui faisait le postier, et ses deux enfants. En échange d'un pot de confiture de prunes de son verger, je l'ai aidée à repiquer des carottes et, assez vite, passé l'exaltation d'une vocation champêtre, j'ai pu vérifier que la terre était basse. Vers la fin des années soixante, j'apprendrai qu'elle s'était pendue, à une poutre de la grange, au milieu des rouleaux de foin. À l'exception de Zézette, les paysans avaient plutôt l'âge de mes grands-parents et leurs enfants trouvaient une place à la gendarmerie ou dans une administration moins prestigieuse. L'avenir de ce monde rural semblait déjà menacé. Il a été rattrapé par la concentration agraire et les conserveries se sont substituées aux joies simples des bocaux et des alambics.

Rien ne vaudra l'expérience de la 2 CV avec mon grand-père le matin où il a pris le chemin moitié pierreux moitié herbeux emprunté par les vaches et la charrette de M. Perrot pour descendre au champ de tabac et où il a soudain coupé à travers la prairie jusqu'à un ruisseau que nous avons franchi à gué en fermant les yeux avant de remonter les deux cents mètres qui nous séparaient de la route de Montignac (la départementale 24). Mais ces deux cents mètres-là, je les ai fait au volant et mon exaltation reste intacte soixante ans après. Cet acte ne connaîtra d'équivalent que ce geste grandiose de Belmondo quand il lance sa Ford Galaxy dans la mer après nous avoir assuré que « la vie est peut-être triste mais elle est toujours belle ».

La fête foraine se tenait sur le foirail pour la Saint-Louis. Les attractions avaient ouvert leur boîte à trésor dans un rectangle délimité par la gendarmerie, la bascule à bestiaux pour la pesée et la boutique du photographe dont la vitrine débordait de portraits de mariages dont on ne saurait dire s'ils étaient touchants ou sinistres. Je connaissais déjà les stands de carabine avec les flèches en caoutchouc qui dégommaient des lièvres en carton et l'atmosphère électrique des autotamponneuses, je les avais fréquentées sous la ligne 6 du métro aérien, mais là, il y avait un divertissement en prime. Un tour de chant, une représentation unique de music-hall, le nom de la vedette brillait en grandes capitales sur les affiches apposées partout par la mairie. Annie Cordy. Tout le monde n'a pas la chance de croiser Madonna à Wattrelos et, de toute façon, Louise Ciccone n'était pas encore née. Moi j'étais en admiration devant Léonie Cooreman, devant les trompettes et les banjos, devant les variations de *Salade de fruits* « jolie, jolie, jolie » qui prouvait un sens irréfutable de la mélodie et qui vous engageait à plonger tout nu dans l'océan pour lui ramener des poissons d'argent, ce qui ne semblait pas émouvoir outre mesure un public endimanché, le béret un peu de travers, les bras encombrés de poupées blond platine en robe de nylon rose gagnées à la loterie.

L'autre temps fort de la fête, c'était la parade. La rosière, éclatante de beauté sur son char, était la fille Marty, le marchand de fruits et légumes qui vendait aussi les glaïeuls, la fiancée du fils Laroumanie, l'épicerie contiguë, le demi de mêlée promis à un avenir rayonnant au Club athlétique de Périgueux. Mon cœur battait la chamade, on ne pouvait douter que tout ça allait ensemble, l'amour, la gloire et les glaïeuls.

Le marché, lui, se tenait place de la mairie. C'était le mardi, pas original a priori, mais notre mardi relevait d'un acte royal, particulièrement mémorable parmi toutes les affaires que ce roi avait eues à régler. D'après les historiens de l'époque, le nôtre, Philippe-le-Long, était « d'une intelligence et d'une sensibilité remarquables ». Peu de biographies et d'études ont dû lui être consacrées depuis cinquante ans et je suppose que ce jugement n'est pas remis en cause. Enfin, le marché avait lieu le mardi. Nous y achetions les noix, les haricots verts, les salades, les chèvres frais, les fraises si j'étais sage. Beaucoup de marchands ne disposaient pas d'étal, juste quelques paniers bien remplis et une balance. La paysannerie et le petit commerce tentaient de ne pas se marcher sur les pieds, à une époque où une succursale

La Ruche s'apparentait à ce que la science économique et les populations occidentales nommeraient bientôt « supermarché ».

Les boutiques du cordonnier et du réparateur de cycles se tenaient côte à côte, dans un recoin de la Grande Rue. Boutique est d'ailleurs un grand mot, échoppe serait plus juste. Le cordonnier était un cordonnier de comptine, « il était un p'tit cordonnier / qui faisait fort bien les souliers », vraiment petit, moins d'un mètre cinquante, mais lui ne buvait pas au cabaret, toujours assis devant sa petite enclume, l'air malicieux derrière ses lunettes, père de neuf ou dix enfants, pauvre car son travail se limitait à retaper les semelles et à changer les fers. Tout le monde s'était réjoui quand il avait gagné à la loterie nationale, mais ça ne devait pas être le gros lot puisque la vie après avait repris son cours à l'identique après une simple semaine où il avait fermé. Le réparateur de cycles ne vendait pas de bicyclettes – ni même de vélos. Le marchand avait pignon sur la place de la mairie, un sourire obséquieux, une vitrine flambant neuf, une caisse enregistreuse clinquante comme une machine à sous et il portait la même blouse immaculée que l'apothicaire qui, lui, n'avait pas besoin de sourire pour vendre ses pilules et ses pommades. Le réparateur, j'aurais passé des heures à le regarder, à l'écouter mais il parlait peu, debout sur le pas de la porte, faute de la moindre place à l'intérieur. Il était très grand, très maigre, un prince de Hombourg en combinaison bleue tachée de cambouis, les doigts jaunis par les papier-maïs. Il se contentait des menues réparations, chambres à air crevées roues voilées dérailleurs déréglés, il puisait les yeux fermés dans tout un fouillis de casiers où rustines câbles écrous vis valves patins patientaient depuis des lustres.

Il va de soi que le vélo demeure à tout jamais le portail de ces années-là. Les premiers tours de roue, d'abord, à six ans, à l'âge où l'on apprend à écrire, l'exaltation de sentir que la main qui vous tient discrètement au col vous a lâché, que ça roule, que le monde est grand ouvert devant vous, les premiers hectomètres, les premiers kilomètres, la première balade, la route. Le grand prix cycliste ensuite, à dix ans ; l'animation, le grésillement du haut-parleur qui enchaînait sans fatigue apparente les noms des coureurs et les noms des réclames, la ligne de départ qui était aussi la ligne d'arrivée, la banderole et les fanions, les acteurs magnifiques sur leur vélo, les spectateurs rangés derrière les barrières de protection. Si le haut-parleur annonçait que la boucherie de la Grande-Rue attribuait 50 nouveaux francs au vainqueur du sprint au prochain tour, la boucherie de la place renchérissait au dernier moment avec 75 nouveaux francs au vainqueur du sprint de l'avant-dernier tour ; et je trouvais la manœuvre un peu déloyale car nous achetions la viande à la boucherie de la Grande-Rue.

Les coureurs passaient à peu près tous les quarts d'heure, il fallait se préparer pour ne pas rater leur passage qui donnait déjà une petite idée de la vitesse à laquelle tout va ; sinon, le reste du temps, j'en étais réduit à les imaginer dans la longue côte qui montait – et qui monte toujours – à Audrix, redescendre au milieu des châtaigniers, passer à hauteur de la gare, avant de percevoir l'agitation tout au bout de la Grande-Rue, les coureurs précédés par la voiture décapotable du directeur de course, debout pour qu'on le voie bien et pour qu'on l'entende annoncer qu'une dizaine de coureurs s'étaient échappés ou que le peloton arrivait groupé ; si les coureurs passaient trop vite pour que l'on perçût autre chose qu'un défilé accéléré de maillots colorés, j'entendais le bruit du vent dans les roues et le cliquetis des dérailleurs.

Quelques attardés avaient la bonté de faire durer le spectacle sous les encouragements du haut-parleur et de la foule, à peine troublés par des quolibets, pas forcément méchants, mais éternellement stupides. À la fin, les officiels montaient sur le podium, le maire prononçait deux phrases bien tournées qui consistaient en félicitations et remerciements en tous genres, la fille Marty remettait le bouquet du vainqueur au vainqueur et le monde recommençait à tourner à une vitesse normale.

Le soir, je m'endormais en rêvant de vélo sinon de devenir champion cycliste, face à la bibliothèque où les volumes d'une vieille encyclopédie s'émiettaient. Je crois bien qu'ils étaient ma lecture favorite ; je me rends mieux compte aujourd'hui de ce que je dois à cette succession de vies brèves et de descriptions géographiques succinctes qui me comblaient. Au-dessus du lit où je dormais, deux photographies d'Ostie en noir et blanc prolongeaient le paysage où mes journées s'écoulaient sans heurt. Mon grand-père les avait encadrées pour une raison que j'ignore. Longtemps, j'ai ignoré aussi que ces mosaïques, ces thermes et ces pins maritimes venaient d'Ostie, et j'avais oublié, si je l'avais lu dans l'encyclopédie, qu'Ostie était le port de Rome. Le savoir ne change rien, mais ma Dordogne confirme son statut de fragment de l'Empire romain.

Dans ce monde rural, on ne croisait pas d'ouvriers. Pas de mine, pas d'usine, pas d'atelier de mécanique ou de métallurgie, pas de grand chantier, juste un abattoir où nous n'entendions jamais les bêtes gémir, des artisans qui employaient au plus un apprenti, maçon, plâtrier, électricien. Quelques fonctions des temps anciens subsistaient. Le garde champêtre ne manquait pas d'allure ; je ne le comprenais pas à cause de son accent rocailleux et de ses chicots quand il criait à la cantonade un arrêté municipal annoncé par des roulements de tambour intempestifs, sérieux comme un pape sous son képi. L'idiot du village, lui aussi, était sérieux. Le terme n'était pas méchant, pas plus que mongolien, ou sourdingue pour un malentendant. Tout le monde lui parlait avec sollicitude et respect. Il déambulait dans la grand-rue en cravate et il semblait toujours affairé. Avoir vécu à la même époque ne me rajeunit pas.

La préhistoire non plus. Très tôt, j'ai rencontré l'homme de Cro-Magnon. Il avait déjà une drôle de tête, les arcades sourcilières plus avancées qu'un pilier de rugby. J'étais impressionné d'être son descendant, je le croyais sur parole. Nos racines étaient donc là, mieux que gauloises, mieux que gallo-romaines, plus lointaines en tout cas. Faire sa connaissance me procurait un avantage pour le premier cours d'histoire quand j'entrerais en classe de 6e.

En attendant, je remarquais que notre ancêtre se conjuguait avec la profusion des buvettes. À défaut des débits de limonades et d'esquimaux, le Bugue possédait son site, que personne ne connaissait encore, la grotte de Bara-Bahau. Elle était creusée dans des calcaires argileux, elle recelait des bifaces et des ossements et – surtout – des peintures rupestres qui ne valaient sans doute pas Lascaux, mais je n'étais pas un expert, ni en équidés ni en bovidés, encore moins en dessin et en phallus. Un été, j'ai collectionné les fossiles où je discernais la trace d'un poisson d'argent comme dans la salade de fruits d'Annie Cordy. Depuis, un hématologue m'a confié que Cro-Magnon avait un sang plus épais pour favoriser la coagulation car il s'écorchait les pieds à la chasse et les mains à la cueillette.

Je n'ai pas souvenir d'avoir chassé ; avec mon arc et ma flèche taillés dans un noisetier, j'ai surtout visé – sans grand succès – les deux pintades à barbillons violets. Je n'ai pas souvent pêché ; je troquais la canne contre une perche pour sauter d'une berge à l'autre et, même si la rivière n'était pas bien large, il fallait quand même prendre son élan. En revanche, j'ai beaucoup cueilli – des girolles, des mûres, le raisin. J'aurai connu, avant mes dix ans, les voluptés des vendanges. Était-ce déjà un été assez chaud pour qu'elles fussent avancées avant la rentrée des classes ou, plus simplement, cette rentrée avait-elle encore lieu le 1er octobre, mais j'ai porté la hotte, j'ai versé les grappes dans la cuve, j'ai senti le moût, on m'a hissé dans la cuve pour les fouler à mon tour, j'étais le benjamin, je n'ai pas oublié. Les vendanges restent liées à la mort de la vieille Mme Delprat qui possédait les arpents de vigne. Par quel mystère l'ai-je vue sur son lit de mort, ou tout comme, posée sur un oreiller comme un coing confit ?

La mort, alors, c'était une histoire de vieillesse. La disparition du camarade Binet me surprit, bien que, vivant, il me parut si triste sauf quand il s'illuminait en évoquant les goujons qui scintillaient dans le méandre de la Vézère. Un faisceau de causes pouvait l'expliquer : il était veuf, retraité des Postes, le seul communiste du village avec sa carte estampillée de la faucille et du marteau au milieu d'un océan radical-socialiste, ou simplement mélancolique. Cependant, ce qui me frappa le plus, c'est que personne ne m'en avertit, que la nouvelle me parvint par hasard, un ou deux ans après. Quant à la mort de Zézette, elle est longtemps restée à mes yeux un pur scandale. Avec tout ça, je n'avais toujours pas mis les pieds dans un cimetière. À l'exception du Père-Lachaise pour les funérailles de Marcel Cachin, tellement impressionné par la flottaison des drapeaux rouges sur le ciel gris de février, mais c'est une autre histoire. En tout cas, j'avais déjà appris, sinon compris, que la conversation entre les vivants et les morts pouvait prendre d'autres chemins et qu'il n'y avait pas de raison qu'elle ne fût pas enjouée, que l'on se plaise à siroter sous la treille un petit-velours à treize degrés ou à taquiner au bord de la rivière les goujons ou, plus simplement encore, que l'on se contente de regarder pousser les chênes truffiers.

Afin de voir ce chemin intime se terminer sur une note franchement joyeuse, il suffit de faire réapparaître M. Molus. Il portait la toque blanche du pâtissier et je l'apercevais parfois derrière la vitrine, royal, meilleur ouvrier du département. Molus est un nom qui a ses racines en Prusse, dans l'Aveyron et au Bugue. Le nôtre avait pour spécialité le puits d'amour. Pour tout dire, je me les payais en douce, avec des pièces qui devaient traîner par-ci par-là. À peine sorti de la boutique, je n'en faisais qu'une bouchée, c'était mon luxe. J'ai découvert plus tard que son nom était *well of love*, que le puits à l'origine était rempli d'un coulis de fruits rouges suggestif et qu'il n'empêchait pas de grimper à bon rythme la côte de Bara-Bahau.

JE VIENS DE LÀ

Philippe Delerm

« Mes quatre grands-parents étaient paysans en Tarn-et-Garonne. » Quand je lance fièrement ces mots-là, les gens hochent la tête. Oui, ça leur dit vaguement quelque chose, même si les mots *Tarn* et *Garonne* semblent antagonistes dans leur euphonie, et leurs connotations. C'est plus vrai encore si on les prononce avec l'accent occitan qui leur est dû, l'âpreté de Tarn se heurtant à la blondeur mélodique de *Garonne*. Ma fierté vient beaucoup du mot *paysan*, bien sûr. Rien que de très banal pourtant. Né en 1950, je fais partie de ces enfants du baby-boom issus du monde de la terre, et dont les parents transgressèrent les traditions séculaires pour devenir « flics ou fonctionnaires », comme le chantait Jean Ferrat. Les miens furent instituteurs, et se rencontrèrent à Montauban, chef-lieu du département, où mon père suivait les cours de l'école normale d'instituteurs, quand ma mère était pensionnaire à l'école primaire supérieure de Castelsarrasin, chef-lieu d'arrondissement.

Tarn-et-Garonne donc. Pendant plus de cinquante ans, le pays de tous mes étés. La lumière et la chaleur ne sont pas l'effet de la nostalgie. « Cette chaleur, cette chaleur, ma pauvre ! » J'entends cette phrase accablée d'une visiteuse de l'après-midi dans la boutique de Mme Rosières, à Valence d'Agen. L'ombre des cornières alentour n'y peut pas grand-chose. Vêtue d'une satinette fermière, un chapeau de paille rubané sur les genoux, la vieille dame s'est assise sur une chaise basse et promène son regard las sur l'irisation des bobines de fil, qui font chanter sur le présentoir mural une palette d'infinis dégradés.

— Il faudra que tu me redonnes du coton à broder.

Un long silence et puis :

— Mais la tapisserie en ce moment, je n'ai plus le goût !

L'après-midi est immobile. Le soleil se refuse à décliner sur les tuiles du canal. J'ai cinq ans, dix ou douze. Après les courses à Valence, nous rentrerons à Malause. L'après-midi entière sera vécue dans la mythologie de la baignade. On n'y partira pas avant seize heures trente, et cela semble une attente infinie, des heures irréductibles et lourdes, près de quarante à l'ombre, parfois davantage, et la lecture la plus enfiévrée, dans une chaise longue, à l'ombre dite un peu malsaine du noyer, ne dissipera pas cette sensation d'une touffeur irréductible. Et puis il y aura les premiers ébrouements, le bruit contre l'évier de la bouteille emplie de menthe à l'eau, glissée ensuite dans un linge humide, au fond du sac. Elle y rejoint la miche de pain ronde et le chocolat du goûter. Nous allons partir à Garonne. Aller à Garonne. Comme j'aime ces mots, cette singularité syntaxique. On ne dit pas aller à Rhône, aller à Loire. Mais on dit à Garonne, pourquoi ? C'est comme s'il y avait une espèce de bien-être absolu, de consolation douce dans l'idée d'atteindre un pays qui se pencherait vers vous, vous protégerait de toutes les blessures de la vie. On n'y serait pas seulement au bord d'un fleuve, mais dans un univers, dans une volupté bonne à boire comme l'est à prolonger en bouche la sensualité longue de ces deux mots : à Garonne.

Il y a un chemin initiatique pour aller à Garonne. On le parcourt à pied, comme une épreuve caniculaire nécessaire pour mériter un peu. D'abord, atteindre la ferme des Forno, où l'on va chercher le lait tous les soirs. La 2CV fourgonnette d'Albert n'est pas devant la grange, il a dû partir marchander un cheval quelque part dans les collines. Orseline arrache les gourmands des tomates dans son potager, et nous salue sans s'interrompre. C'est ce soir seulement qu'elle prendra le temps de nous causer. La prochaine étape est si désirable. C'est la maison du magnolia. On l'appelle ainsi à cause de l'arbre immense dont les branches au-delà de la grille s'étendent sur toute la largeur de la route. Une ombre si profonde. Quelques feuilles vernissées jonchent le macadam. Mais des pétales surtout. Est-ce le vent, ou la chaleur ? Des fleurs sont tombées sur la route, et leur parfum suavement sucré s'épanche en offrande alanguie, émanation de la maison bourgeoise aux volets bleu foncé toujours tirés. Je ramasse quelques pétales, méprisant ceux que le soleil a déjà desséchés, et m'étonnant toujours de sentir sous mes doigts l'étrange fraîcheur des victimes les plus récentes. Certains sont encore blancs. Mais les délicieux sont ceux qui ont pris déjà une tonalité d'ambre pâle et ont gardé une étonnante souplesse de cuir mince, et le parfum qui donne envie de les poser sur les lèvres, comme pour apaiser la soif d'été.

La maison du magnolia dépassée, plus de répit sous le soleil implacable jusqu'au pont tournant sur le canal latéral. Quand passe une péniche, tout un mécanisme se met en route, il faut attendre, et c'est autant et davantage qu'un poste de douane – une vraie frontière. Alors on entre au pays de Garonne. La route devient chemin de terre. On longe un verger de pêchers, la terre sableuse d'un champ d'asperges, et puis cette plantation de peupliers. Déjà monte l'odeur de la menthe sauvage, et le frémissement des feuilles au vent, entre le jaune mat et l'argenté, semble à l'avance un mouvement de l'eau. On arrive au Vieux Bac, on arrive au Platane. Il faut des majuscules à ces mots-là, qui font partie du mythe. Du Vieux Bac, dont on voit la chaussée descendante sur une carte postale ancienne, dans la maison de mes grands-parents, il ne reste rien. Rien que l'idée de la traversée, qui permettait aux paysans de passer de Malause à Saint-Nicolas-de-la-Gave. C'était donc un lieu de rencontre, de bêtes embarquées sur une sorte de radeau. Mais à présent, il n'y a plus que nous, qui venons nous baigner au Platane. Au sommet d'un monticule herbeux, le Platane est pour nous. Son ombre est presque fraîche, comme habitée par la violence du courant. C'est ce que je ressens avec mes sensations d'enfant. Le fleuve est-il si rapide ? Depuis, on a construit là un barrage, et l'eau est devenue stagnante.

Certes, la Garonne si large ne pouvait être un torrent. Mais on raconte comme une épopée l'audace de mon frère qui l'a traversée un jour, dérivant de plusieurs centaines de mètres pour atteindre l'autre bord. Le père Delcor, qui gardait ses vaches, a prétendu qu'il était en difficulté. Mais mon frère disait qu'il avait simplement attendu de trouver une partie de la berge sans ronciers. Je ne suis pas comme lui. Depuis la plus petite enfance, l'eau m'a toujours à la fois fasciné et angoissé. Dans l'eau de la Garonne, crispé et réticent, j'apprends les mouvements de la brasse. Bientôt je sais nager, mais sans aucune confiance. Ma mère me crie de ne pas m'éloigner du bord, mais elle n'a rien à craindre. À peine à quelques mètres de la rive, l'accélération du courant me terrorise. Je me donne le change à moi-même, me convaincs que je suis un aventurier libre et audacieux, me fais prier pour sortir de l'eau comme si on m'arrachait à un bonheur suprême. La plage de galets m'oblige à tituber, mais le pain et le chocolat, la lampée de menthe à l'eau pas encore tout à fait tiède sont un régal. J'enfile mes espadrilles. Je reviens sur la berge choisir un galet bon pour les ricochets. C'est étrange : les meilleurs ne sont pas les plus parfaits. Il leur faut un peu de poids, les lancer d'une secousse du poignet pas trop brutale – sinon, ils font un seul ricochet, très long mais décevant. Dans ce domaine au moins, je suis le roi. Six ou sept rebonds, et puis les derniers soubresauts minuscules, impossibles à comptabiliser.

Sous les pierres soulevées, l'odeur de la vase vient se mêler à celle de la menthe sauvage. La chaleur n'est plus qu'un bien-être engourdi. La route du retour sera pleine d'exploits évoqués, projetés, l'ombre des peupliers commence enfin à s'allonger. La vie est bonne.

À Brétounel, hameau de la petite commune de Malause, mes grands-parents maternels étaient paysans. Puis mon grand-père acheta une plantation de peupliers et vint installer un atelier de scierie tout proche de la gare de Malause. Il y fabriquait des cageots pour les fruits délicats, les pêches et les abricots. La petite maison attenante fut celle que j'ai toujours connue, où nous venions passer le plus clair des si longues vacances qui s'étiraient jusqu'à la fin septembre. Quand j'avais quatre ou cinq ans, je dormais avec ma grand-mère, car il n'y avait pas assez de place. Je m'endormais en feuilletant l'almanach de *La Dépêche du Midi*, les photos noir et blanc des matchs du Toulouse Football Club, le Téfécé, qui figurait très honorablement dans le premier tiers du classement du championnat de France. La plaisanterie qui vint plus tard n'était pas encore de mise. Elle évoquait une séparation parentale. « Tu veux aller avec ta maman, ou avec ton papa ? » Et l'enfant répondait : « Moi je veux aller avec le Téfécé, parce que lui, il ne bat personne. »

Pas de salle de bains, on se lavait dans le chais, où l'on emportait deux bassines pesantes et bleues, une pour se laver, une pour se rincer. Pas d'eau courante, et deux sources de terreur : le puits, protégé par une petite porte grillagée, et dont la chaîne déroulée vers les profondeurs abyssales émettait un grincement de souffrance et comme de reproche ; les cabinets, sans siège, juste un trou menaçant au-dessus duquel il fallait s'accroupir.

Mais que de plaisirs aussi. L'atelier où je pouvais en liberté recueillir les chutes de peuplier, emprunter un marteau et des clous, me fabriquer des bateaux, des avions. Le ruisseau qui jouxtait la maison, où je recueillais des tritons, et regardais les jours suivants leurs pattes qui poussaient au fond d'une cuvette. Vers six heures, un rite immuable, annoncé par une rumeur cristalline de sonnailles : M. Dufils ramenait son troupeau de moutons. On les apercevait de loin, tout au bout de la route de la gare. Ils avançaient dans un nuage de poussière auréolé par le soleil fléchissant. Au passage devant la maison, le berger demi-dieu nous gratifiait d'un salut seigneurial à sa mesure, un bras hiératique levé pour annoncer le soir.

Et les années passaient. Peu à peu je m'aventurais plus loin, tout seul, et je prenais la mesure du paysage. J'allais pêcher dans la Garonne, ou dans le Canal latéral. À Garonne, c'était une pêche tonique. Il fallait gratter avec un racloir sous les galets pour débusquer les popoyes, ces larves d'éphémères dont les carpes ou les brèmes étaient friandes. Pour lancer ma ligne, je m'avançais dans l'eau à mi-cuisse, au risque de sentir le courant me déséquilibrer. J'engageais la conversation avec M. Delcor, qui longeait le fleuve près de ses vaches. Plus contemplative, la pêche au canal me convenait davantage. Au bord du chemin de halage, sous les platanes, j'aimais m'abîmer dans la tonalité de cette eau d'un vert indéfinissable, émeraude, cresson, soupe à l'oseille. Bien sûr j'attendais une touche, la secousse du bouchon vermillon et blanc s'enfonçant brusquement. Mais j'aimais tant aussi, déjà, qu'il ne se passe rien, que le temps se ressemble.

La grande liberté, je l'ai découverte à bicyclette. Au-delà des chemins d'eau, il y avait des collines. Saint-Paul-d'Espis, Saint-Jean-de-Cornac, Moissac, Bourg-de-Visa, Lauzerte, Pommevic, Lalande. Tous ces noms de villages chantent encore en moi comme une sorte de possession du monde. Je partais chaque jour, dès le début de l'après-midi. Ma mère me disait d'attendre qu'il fasse un peu moins chaud, mon père désapprouvait cette sueur inutile que j'allais verser – pour lui, tout effort se devait d'être sérieux.

Cette succession de collines toutes douces, ces vignes à chasselas, ces maïs, ces champs de blé sont restés d'une ampleur si sereinement silencieuse, à l'écart de la fureur du monde, de son absurde exigence de rentabilité. Parfois j'y roulais comme un fou, m'inventant des commentaires du Tour de France où Poulidor enfin dépassait Anquetil, sur les méandres du goudron fondu. Je me bâtissais à l'avance un périple satisfaisant pour l'esprit, renouvelant l'enchaînement des lieux, choisissant à l'avance le bourg où je pourrais m'asseoir à une terrasse de café, commander un diabolo menthe, mêler aux volutes du sirop dansant dans le verre la satisfaction d'avoir grimpé comme jamais la côte d'Auvillar.

D'autres fois, j'oubliais toute idée de moyenne, m'enivrant simplement du vent léger d'une descente, prolongeant à l'envi l'image d'une jeune femme offerte au soleil au bord d'une piscine, dans une maison de riches comme il y en avait si peu, entre deux fermes où je craignais les chiens. L'harmonie des blonds et des verts, quelque cyprès dressé comme en Italie au sommet d'un mamelon, le trouble d'un abandon féminin à la sensualité du soleil méridien, tout cela m'inventait, donnait à ma vraie vie commençante un élan fabuleux. Un jour, une fille m'a souri, sur la place de Saint-Paul-d'Espis. Je la revois absolument, très brune, cheveux mi-longs et les yeux verts. Je ne savais pas qu'une fille pouvait me sourire comme ça, reconnaître la longueur d'une attente que je n'avais pas même formulée, ouvrir et refermer en une seconde une histoire parfaite. Le lendemain, bien sûr, elle ne serait plus là. Mais c'était fait. Je serais amoureux. Partout et tout le temps. Dans les lacets de la montée vers

Saint-Paul, mais aussi dans tous les endroits où la fille ne pouvait pas être, sur le petit muret au bout de la place à Bourg-de-Visa, devant les lavoirs de Valence et le cimetière de Saint-Jean-de-Cornac. Heureux et triste, comme le prophète Jérémie sur le portail de l'église de Moissac. Souvent, mon oncle Pierre disait qu'il n'y avait rien de meilleur que de faire semblant de chasser, et de voler une grappe de chasselas couverte de rosée dans une vigne, au petit matin. Comme lui le buvait, je goûtais tout le décor, je devenais l'espace, le silence et le désir. Je devenais l'été.

Mais je vivais l'autre côté, aussi. Celui de mes grands-parents paternels, au nord-est du département. Nous passions moins de temps à la ferme de La Bénèche, entre Caussade et Nègrepelisse, mais nous y allions quand même très souvent. Curieusement, c'est ma mère qui rappelait à mon père la nécessité d'aller visiter les siens – sans doute chez elle un souci d'équité, et puis, à La Bénèche, on l'aimait bien.

À La Bénèche, tout était un peu plus rude qu'à Malause. Était-ce une idée, la sécheresse du paysage opposée à l'ampleur de la Garonne ? Mon père disait à ma mère : « Chez toi, ce sont des bourgeois. » Elle haussait les sourcils, estimant ce jugement bien excessif, mais tout de même pas infondé. J'ai trouvé un jour chez un brocanteur une carte de Tarn-et-Garonne datée de 1780. La Bénèche y apparaît sous le nom de La Bénèche de Saint-Pierre de L'Herm. Difficile de ne pas faire le rapport avec mon patronyme, d'autant que mon père disait qu'il avait déjà vu sur des actes anciens le nom Delherm écrit avec un h. Mais il ajoutait aussitôt que ses grands-parents n'étaient pas natifs de La Bénèche, mais de Vayssac, à quelques kilomètres de là. Je garde une certaine frustration de ce doute qui n'était pas l'apanage de mon père, et que je sentais partagé par l'ensemble de mes proches. Le jour où je découvris cette carte, je fus traversé par un sentiment d'évidence et de révélation. L'idée d'accoler le nom de La Bénèche à la mystérieuse expression « de Saint-Pierre de l'Herm » ne pouvait être un hasard. Il ne s'agissait pas à mes yeux de découvrir des lettres de noblesse, mais d'enraciner le nom Delerm dans un terroir austère qui me plaisait par sa rudesse, son éloignement, sa singularité.

Je devais rencontrer le même sentiment de découverte suivie d'incrédulité polie après avoir consulté le dictionnaire étymologique qui répertoriait le nom Delherm ou Delherme comme un vocable typique du Quercy, ayant pour origine le grec *heremos* signifiant « terre inculte », « terre en friche ». Cette idée me ravit, mais elle ne convainquit guère mon père, qui s'obstina à préférer sans grande justification une solution faisant remonter Delerm à « de l'ermitage ». Sans doute ne trouvait-il que peu de prestige à cette idée d'une terre en friche. Comment lui expliquer qu'elle avait à mon sens tous les prestiges, au-delà même de sa vraisemblance ? Delherm, terre en friche, cela n'était guère charitable en apparence pour les générations qui nous avaient précédés sur ces arpents. Mais cela soulignait leur mérite d'avoir progressivement adouci des conditions de vie difficiles. Et quant à l'avenir du nom, l'idée d'une terre en friche ouvrait une liberté absolue. Je suis un faux modeste. Le hiatus tient pour partie à ma façon d'être, mais surtout à mon territoire d'écriture, hâtivement jugé ainsi parfois. En quoi le fait de vouloir faire du grand avec du petit est-il modeste ? Mais le contresens vient sans doute d'un peu plus loin. Je pense souvent à la phrase de Voltaire répliquant à un adversaire qui lui reprochait sa roture originelle : « Je commence mon nom, vous finissez le vôtre. »

À La Bénèche, le grand-père Delerm n'était pas un modeste. Quand il s'asseyait au bout de la longue table, à l'heure du déjeuner, chacun était suspendu à l'autorité silencieuse de ses gestes. Il tirait de la poche de son pantalon de velours son Opinel numéro 7, dépliait la lame, tournait la virole, essuyait le fer sur son velours. Alors les verres et les assiettes pouvaient commencer à s'entrechoquer, les conversations à se déployer. Il y a beaucoup de variétés d'accents occitans en Tarn-et-Garonne. Certains sont mélodiques et chantants. D'autres sonnent très sourds, comme cailloux roulant dans gave. Mon grand-père, chantre à la messe dominicale, était doté d'un organe aux inflexions rocailleuses, au timbre des plus graves. Je ne saisissais pas toujours le sens de ses paroles, mais je voyais autour de moi comment il fallait l'écouter. C'était souvent une anecdote de régiment – il avait fait son service dans la cavalerie. Ma grand-mère, toute fine et trotte-menue, ne s'asseyait pas une seconde, pas plus que sa fille, Lucie. Après la soupe, toujours servie quelle que soit la chaleur, les hommes faisaient chabrot, emplissant leur assiette de la piquette domestique, dont mon grand-père et son gendre Fernand étaient très fiers. Mes parents s'amusaient de leurs commentaires lyriques accordés à un vin presque imbuvable, quand on vous servait par ailleurs foies gras et autres confits excellents comme s'il s'agissait de la nourriture la plus ordinaire.

Après la croustade un peu empaffante, pendant que les adultes dégustaient leur café dans un verre, j'avais le droit de sortir dans la cour de la ferme. Les poules et les canards s'ébattaient autour de la pierre d'évier, qui s'écoulait directement sur le sol. Une de mes grandes sensations de l'été à La Bénèche, c'était les prunes d'ente écrasées par le passage des charrettes, sur le chemin de terre qui menait vers la route de Bioule. De loin, les prunes paraissent mauves, mais on découvre en les approchant toute une lutte entre bleu sombre et rose, et quelques grains de sucre collés sur la peau fragile : les fruits tombés se sont ouverts et pleurent une chair abricot brunie par la terre. Dans l'arbre, les prunes pas tout à fait mûres ont des rougeurs tachetées sur fond d'ocre-vert. C'est celles-là que j'aime cueillir et manger, pour leur fraîcheur et leur acidité. En les écrivant, je sens leur consistance, et l'exquise nébulosité qui recouvre leur peau, comme une poussière d'eau.

L'après-midi, nous allions par les champs. Le grand-père et Fernand nous montraient les cultures. C'était, comme souvent sans doute, une époque difficile pour vivre ensemble à trois générations sous le même toit, avec les commentaires ombrageux, amers, des plus âgés sur les bouleversements causés par le progrès, l'irruption des tracteurs. Mon cousin Robert et sa sœur Paulette restaient à la ferme. Leur frère Hubert était parti pour une autre exploitation, son frère Denis allait quitter le monde agricole pour devenir maçon vers Aubagne. On sentait que certains sujets étaient esquivés, ou abordés avec des réticences. Mais chaque fois, le soir, on nous retenait à dîner, et l'on sortait la table longue dans la cour de la ferme. Un seul petit lumignon accroché à la porte de la cuisine faisait la nuit toute bleue. Les canards venaient traîner entre nos jambes. Les hommes prenaient des voix de conspirateurs pour aborder le grand sujet : les *bouilleurs de cru*. Je ne posais pas de questions. Ces mots, bouilleur de cru, revenaient, chargés de mystère, de regret, de précautions, de transgressions allusives. J'éprouvais tout cela sans y comprendre rien. La ferme de La Bénèche plongée dans la nuit d'août devenait aussi mystérieuse que la taverne de l'amiral Benbow dans *L'Île au trésor*. Aujourd'hui, je sais un peu. En 1960, une loi avait aboli le privilège des bouilleurs de cru, cette autorisation napoléonienne de distiller le contenu d'une vingtaine de bouteilles d'alcool. Dans une France encore très paysanne, le couperet tranchait à vif. Les instances politiques évoquaient le fléau de l'alcoolisme, mais les cultivateurs goguenards voyaient là surtout le pouvoir du lobby des spiritueux. Cette abolition d'un privilège semblait bien peu républicaine. J'entends encore cette gêne palpable des propos de La Bénèche, où devaient sourdre la révolte et le triomphe madré des solutions cachées, tous ces mots alambiqués qui dissimulaient l'alambic sous les fagots d'une sorcellerie naïve.

Ils parlaient d'eau-de-vie. Eau de vie, une eau urgente, essentielle, une eau pour brûler dans la vérité décantée. À l'origine il y a un fruit, une couleur, une saison. Framboise de début d'été, texture de velours, arôme sombre ; prune du plein août, poire alanguie dans la forme et le fond, sensualité grenue de l'arrière-saison. Un fruit serait de l'eau, dans l'eau il y aurait tout le fruit. Le temps lui-même était une eau-de-vie, la perfection de ces instants, tout au milieu des champs, les coudes qui se touchent, et cette effraction délicieuse d'avoir passé minuit déjà...

Parfois, je venais seul passer huit jours à La Bénèche. Mon grand-père se levait très tôt, avalait juste un bol de café, puis partait marcher dans les champs, à la fraîche, et je l'accompagnais. Nous ne parlions pas beaucoup, mais j'étais fier de partager l'amitié de son silence. Au retour, nous prenions un vrai petit déjeuner, avec des fritons d'oie, et ce saucisson presque un peu rance dont le goût reste inégalé. J'avais le droit de m'installer à côté du cousin Robert sur le tracteur. On m'emmenait à la foire de Caussade sur la charrette brinquebalante…

Entre Malause et La Bénèche j'ai connu le bonheur de l'éternel été. Plus tard, j'ai mieux connu le chef-lieu, ce Montauban où mes parents s'étaient rencontrés. J'y aime la rue Fraîche, la rue des Carmes – jusqu'à la place Nationale. J'aime la grâce florentine de cet endroit coupé du monde, semblable à la cour intérieure d'un palais médiéval, avec ses fenêtres voûtées, cette tonalité chaude de la brique ombrée. Les peintres auraient dû choisir la lumière de Tarn-et-Garonne, ces contre-jours miellés sous les cornières, l'écorce des platanes mariée au camaïeu de verts du Canal latéral, les peupliers d'or et d'argent penchant vers la Garonne. Mais ils me l'ont laissée, tant mieux, j'aime cette petite hésitation dans le regard des gens, quand je leur dis Tarn-et-Garonne. Je viens de là.

MA MONTAGE MAGIQUE

Valentine Goby

Allos, s'appelle ce village des Alpes-de-Haute-Provence. Le toponyme a longtemps claqué dans mon oreille d'enfant comme une menace floue, incongrue : *à l'os* ! Contredite à tout instant par le paysage riche, polychrome et changeant de la R14 qui se déversait par les vitres arrière de la voiture. On quittait la maison, au sud du Sud, et on montait *à l'os* en quelques heures, par les lacets serrés de la route Napoléon, jusqu'au chalet.

L'altitude hissait la voiture. Me lestait, kilomètre après kilomètre, d'un poids invisible, desserrait magiquement l'étau de l'asthme sur ma poitrine, dilatait mes bronches, déployait l'espace sous mes côtes, me soulevait en une légère, merveilleuse ivresse. Fille, petite-fille, arrière-petite-fille de parfumeur, j'ai grandi dans la région de Grasse au pays des arbres à feuilles persistantes, des fleurs en toutes saisons, des herbes aromatiques et des plantes à parfum. D'un bout à l'autre de l'enfance, j'ai respiré les vapeurs de distillation échappées des cheminées d'usine, l'odeur des essences pures incrustée dans la peau, les cheveux, les vêtements de mon père et, dix mois sur douze, mille pollens assassins. Les visions du jasmin, du mimosa en fleur, des parterres de jonquilles ont inclus leur part de terreur, je suis morte cent fois dans l'attente des effets de la cortisone.

Le chalet d'Allos portait le nom de Tombarel, du patronyme de cette lointaine Marie qui par ses noces avait propulsé mes ancêtres dans le monde des fragrances. Du nom aussi de l'usine familiale dont la vente des actions, un siècle après sa création – en 1977 exactement, j'avais trois ans –, avait permis à mon père d'acheter ce chalet. Je ne l'appelais pas Tombarel, moi, je l'appelais le chalet, le chalet *à l'os* qui mettait fin à l'asphyxie. Je n'avais pas encore lu Thomas Mann, son huis clos de riches tuberculeux perchés dans un palais alpin [1]. Un jour, j'écrirais

1. Dans son roman paru en 1924, *La Montagne magique*, le Prix Nobel de littérature raconte la visite du jeune ingénieur Hans Castorp à son cousin, alors en cure à la station balnéaire de Davos.

moi aussi sur le monde des sanatoriums, l'histoire d'un « paquebot dans les arbres » au milieu des années 1950, et le roman de Mann que je découvrais alors, si éloigné de l'univers populaire de mes recherches, me ramènerait pourtant obstinément à ce miracle renouvelé de l'enfance : la délivrance par la montagne. Respire, petite, respire. Au chalet mon corps n'avait plus de fin.

Dès les premiers virages, l'aventure commençait. Il y avait des étapes sûres : Castellane (pause fougasse aux anchois), Saint-André-les-Alpes (pause tarte à la courge), Serponçon (pause oxygène), Colmars (pause goûter le long des remparts). Mais entre elles tout était énigme. La naissance des reliefs sécrétait du mystère : ravins noirs, gorges incisées dans le roc, lacs bleu d'encre, bois denses, vallées fuyantes, eaux blanches jaillies de nulle part, barrage vertigineux, éboulis, cavités, pics enneigés dont le volume transformait d'heure en heure l'horizon, tout excitait l'imagination, la fabrique à histoires. Il y avait du roman là-dedans, un « sens aigu de la narration » écrit Claudie Hunzinger dans *Les Grands Cerfs*. Un suspense nourri par les métamorphoses du paysage au passage des saisons, et j'adorais douter :

que dissimulait la neige ? que révèlerait-elle une fois fondue ? qu'assècherait la dure chaleur d'août ? retrouverais-je le torrent, le lac, le ruisseau ? quels arbres familiers l'orage avait foudroyés ? quelles cabanes la tempête abattues ? Les mois d'absence d'un séjour à l'autre et la force des contrastes entre été et hiver, hiver et printemps autorisaient tous les fantasmes de disparition, de renouvellement, de surgissement. Peu importe que le réel les démente *in fine,* je cultivais l'incertitude pour le pur plaisir des retrouvailles.

Les vivants aussi pouvaient s'évanouir, s'en aller, mourir, chaque retour exigeait l'inventaire minutieux de ma galerie de personnages, et parmi eux : la bouchère, que sa dentition spectaculaire empêchait de fermer la bouche : pas morte ; le prêtre, Alfred, magnifique sosie de Lino Ventura en costume noir, chez qui on prenait le thé : pas mort ; Marius et Mireille, leur salle à manger intacte depuis la nuit des temps avec horloge à coucou et chaises craquantes et rideau à lamelles de plastiques multicolores et ruban collant pendouillant du plafond pour attraper les mouches, et leurs bises flasques et sonores, et l'odeur perpétuelle de poireaux, et les bonbons fourrés aux fruits, et cette façon de dire « voui » au lieu de « oui » qui amollissait le mot à leur image : pas morts ; le maire, M. Proal, entièrement chauve, avec ses cinq doigts de la main gauche coupés ras la phalange par une scie ou une tronçonneuse, je ne sais plus, si bien qu'un curieux mimétisme associait son crâne et ses moignons (pour plus de romanesque, je les préférais dévorés par la lèpre) : pas mort ; les Krishna drapés d'orange, tête rasée, à moitié nus et en sandales qui marchaient dans les rues en souriant et chantant et faisant sonner des grelots : pas morts ; Christophe B., le voisin dont la vue me mordait le cœur au chalet du dessous, étudiant en médecine aux cheveux d'incendie, au visage criblé de taches de rousseur, sa bouche si fine qu'elle semblait fondue : pas mort.

Je listais les lieux un à un, comme si, à la façon du village de la comédie musicale *Brigadoon* [1], ils avaient pu être emportés dans une faille du temps. Tous rétrécissaient inexorablement à la mesure de ma croissance, j'étais une sorte d'Alice à l'univers mouvant. Qui sait s'ils

1. Créée en 1947 à Broadway par Alan Jay Lerner et Frederick Loewe, elle fut adaptée en 1954 au cinéma par Vincente Minnelli, avec Gene Kelly.

n'allaient pas s'effacer complètement ? Le lavoir à l'eau glacée qui agace les gencives : rétréci, bien à sa place. L'église noire à l'odeur de feu et de bouse de vache : rétrécie, à sa place. La petite épicerie, les mini-plaques de chocolat Milka à fourrer ni vu ni connu dans la poche : rétrécie, à sa place. L'étroite piscine municipale en forme de haricot creusée dans une dalle de ciment défoncée : idem. Le lac artificiel grouillant de truites qu'on hameçonnait plus facilement que des canards de fête foraine : idem bis. Le café Pélissier, plus haut vers la station de ski, où on buvait l'été de l'Orangina et l'hiver du chocolat à l'eau, et le froid lac d'Allos à la surface polie où mon père se jetait en hurlant pour crâner : rétrécis, bien là.

Je vérifiais la persistance des rites depuis la dernière saison, qui sait s'ils ne s'étaient pas dissous dans de nouvelles modes : le feu de la Saint-Jean, les garçons bondissant par-dessus les flammes dans des gerbes d'étincelles ; la retraite aux flambeaux, les chants vibrants dans la nuit gelée ; le concours de déguisement à la salle des fêtes ; la kermesse avec course en sac, chamboule-tout, tir à la corde dans un pré vaste et sec au mois d'août.

Retrouver les paysages, les gens, les événements, ayant aimé croire que je pouvais les perdre – crainte impensable dans mon existence grassoise où chaque jour se fondait dans le suivant, confirmant la permanence des choses, une stabilité rassurante aux accents quelquefois mortifères –, c'était une joie violente.

Grasse appelle curieusement des images de mer, Côte d'Azur et maillots de bain. Mais Grasse touche la montagne. Son point le plus bas : 300 mètres d'altitude. La piscine municipale : 500 mètres. Le point plus élevé : 1 061 mètres. À vingt minutes, les gorges du Loup à l'eau de menthe ; à trente minutes, les pistes de fond d'Andon, les pentes de ski de Gréolières. J'étais de la montagne en toutes circonstances, flèche sur la neige, exploratrice dans le vert et la pierre. Complètement terrestre. Une fille avec des jambes.

Pour l'aventure, la mer ne m'a jamais fait d'effet comparable à la montagne. D'emblée j'écarte les plages étroites, hurlantes de chaleur de la baie de Cannes et de Juan-les-Pins, leurs eaux nappées d'huile solaire, leurs tapis de corps en flaques sur les serviettes – aventure : zéro. Je regarde un peu plus loin, vers Nice, peut-être, aux galets inconfortables, vers l'Italie, ou vers Théoule. Disons, même, carrément à distance du rivage où mer et ville ne se confondent plus dans les bruits de klaxons, les odeurs d'essence et les playlists de Fun Radio, ça fait déjà une sacrée trotte de la maison. Une mer qui ressemble à la mer, en somme, une mer qu'on pourrait voir bretonne par exemple, du moins dans le Morbihan, avec du vide et du silence. Et donc cette mer, je l'accorde, a ses mystères. Est changeante, aussi, en matière et volume et lumière, comme le rendent si bien les tableaux de Soulages (Soulages : la mer que je préfère). Mais pas généreuse en reliefs comme l'est la montagne, même si l'eau se creuse et gonfle, pas prolifique comme elle en créatures et végétaux, ils préfèrent le fond à la surface, quasi rien ne se risque à l'air si ce n'est – j'en ai vu – de rares dos et queues de cétacés, des dauphins bondissant en lunules fulgurantes et des oiseaux marins : il faut s'y engloutir pour voir. Alors la mer est vite pleine mer, un ventre noir et profond relié au pays des morts.

J'ai navigué en bateau à voile avec mon père, ma mère, mes frères à l'adolescence, sur la Méditerranée, sur la mer Ionienne, sur des eaux transparentes et turquoise de brochures touristiques, et c'était vraiment beau. Elles filaient comme des poissons volants par-dessus l'abysse, les coques fuselées où les corps se serraient des semaines. Seulement on y étouffait.

Et à l'extérieur, ou plutôt dessous, seule alternative au confinement : un asthme liquide.

Au chalet, la nature n'en faisait qu'à sa tête, j'aimais ça. Allos, c'était l'antithèse du jardin aux plantes décidées, ordonnées, assujetties à un plan pensé à l'avance et contraintes par les pesticides, les engrais et les outils de taille, à s'y conformer.

À Grasse, ça poussait un peu anarchique dans les plates-bandes, les pelouses étaient rêches et pelées l'été mais tout de même coupées net et les buis au cordeau. Je suppliais mon père, je lui demande encore de ne pas tondre, parce qu'alors à la moindre pluie des milliers de pâquerettes, pissenlits, boutons d'or et fleurs de trèfles jaillissent de terre en tapis bourdonnant d'abeilles, de papillons, hannetons, sauterelles, toute une faune rasante et concertante. J'ai arraché des pattes, je le confesse. J'ai découpé des iules. De toute façon, les têtes finissaient par tomber. Mais je préférais les herbes de montagne fines comme des cheveux, qui m'arrivaient à la taille et que rien n'arrêtait, leur caresse souple dorée. C'est bien plus tard que j'ai appris leurs noms, poacées, cannes de Pline, danthonies, orge des bois, et j'ai retrouvé dans ces phonèmes mis bout à bout la bizarre féerie de ces végétaux jamais domestiqués. J'aimais les fleurs aléatoires semées par le vent et les insectes en taches jaunes, violettes et rouges dont la vision était toujours un étonnement, gentianes, génépi, benoîtes des montagnes à chevelure laineuse, épilobes de deux mètres aux akènes duveteux. J'ai écrit leurs noms dans un roman, pour la beauté sauvage qui éclate illico à l'oreille, et nul besoin d'image. Une odeur de pétales et d'herbe écrasés me saisissait au détour d'un sentier. Ou bien c'était le sucre des framboises, des mûres, des fraises des bois et des myrtilles, et je les débusquais planquées en trésor sous les feuilles.

L'apparition d'une biche, d'un chevreuil, d'un bouquetin, d'une marmotte était autant de mirages que seuls le silence et l'immobilité suspendaient un moment. J'aime les torrents, fuyants et continus, leur morsure blanche qui fouette le sang et change le retour au soleil en brûlure, leurs pierres luisantes et noires coulaient en truites entre mes doigts.

Partout couvait la surprise, elle aiguisait les sens. Le chalet, c'était l'imprévisible sans la frousse, ou plutôt juste une pointe sous les côtes, qui excite sans blesser. L'invisible sans la menace, sans l'homme au couteau embusqué sous mon lit d'enfant, à Grasse, figure incarnée de l'asthme aux aguets. L'aventure sans la mort. L'attente *à l'os*. L'impatience joyeuse. Le désir.

Et la quiétude. Je l'ai écrit dans *Murène*, évoquant François, amputé des deux bras, que la mousse, l'herbe, la pierre n'ont d'yeux pour rien ni personne, la montagne est aveugle, et sans calcul l'indifférence des animaux, qui ne savent rien de la laideur. On est celui qui voit, non celui qui est vu, on s'efface sans disparaître. Et quel soulagement, pensait mon petit corps d'insecte, d'être invisible sans être mort. À la juste place parmi les éléments, ni davantage proie ou prédateur que le chevreuil, ni bourreau ni victime, partageant l'existence des mouches, des bouquetins et des pics tridactyles, des fougères, du mica et de l'eau de glacier, sous le soleil accablant, les tempêtes ou les rafales de neige, il n'y a pas d'intention dans le déchaînement ou le repos des éléments, de cruauté chez l'animal, plus que la fin de l'asthme le chalet signait la fin de la colère. Il n'y avait plus de bataille à conduire. Tu te dissous dans une forme plus vaste sans nier tes contours, tu es le singulier et le tout, l'ordre des choses et des êtres enfin devenu acceptable. Sous un vernis d'insouciance, j'ai été une enfant dévorée d'anxiété. On vient de l'enfance comme d'un pays, affirme Saint-Exupéry, et j'ajoute : toute la vie. Je n'ai pas connu de paix plus profonde que celle du chalet, et de toutes les montagnes.

De ces années il reste des photos classées en album, et des films en Super 8 tournés par ma grand-mère, une as de la vidéo qui a monté en images notre enfance. Ce sont des films heureux où nous sourions toujours, échevelés, de l'herbe plein les vêtements, les joues tantôt rouges de froid tantôt tannées de soleil dans la lumière dorée. Des films sans son sur lesquels elle a greffé des morceaux de musique, de Clayderman le plus souvent, qu'elle adorait. Il en manque la légende. Ou le revers, comme on parle du revers d'un vêtement, le côté invisible, pas nécessairement contradictoire. Ou plutôt l'intérieur. Ou plutôt la légende. Voici la légende. Toute ma légende.

UNE ÉDUCATION EN PAYS GALLO*

Jean-Paul Kauffmann

* Territoire correspondant plus ou moins à la Haute-Bretagne, où l'on parlait traditionnellement une langue d'oïl, le gallo, par opposition à la Basse-Bretagne de langue bretonne, à l'ouest.

Le 2 janvier 1949, dix-huit footballeurs du village de Corps-Nuds en Ille-et-Vilaine, venus disputer un match dans un village voisin, trouvaient la mort au lieu-dit Le Pont de la Forge. Le plus jeune, le goal, était âgé de 17 ans, le plus vieux, un supporter, avait 36 ans.

D'ordinaire, mon père accompagnait l'équipe dans ses déplacements. Il aurait dû figurer parmi les morts. Ce jour-là, un dimanche, ma mère avait réussi à le convaincre d'assister à Rennes à la représentation d'une opérette. J'avais 5 ans. Mon premier souvenir d'enfance… Je ne me rappelle pas le titre de l'opérette, mais me souviens de notre retour dans le bourg autour de 20 heures. D'ordinaire déserte, la rue principale était noire de monde. Il ne m'est resté qu'une image. Un geste, celui de mon père, interloqué, au volant de la Juvaquatre, actionnant avec difficulté la manivelle de la vitre. Et ces mots : « L'équipe de foot, ils sont tous morts ! »

Je n'ai pas la mémoire de la chapelle ardente avec les dix-huit cercueils exposés dans le garage Châtel, proche de la boulangerie paternelle. La photo, longtemps célèbre, fit la couverture de *Paris-Match*. Le dimanche suivant, une minute de silence fut observée dans tous les stades de France. Probablement éméché, le conducteur du camion bâché, fils du maire, avait raté le virage. Il fut condamné à un an de prison. Des années plus tard, mon père l'aperçut dans le centre de Rennes faisant la manche.

Cet événement a occupé toute mon enfance. Mes compagnons de jeu étaient les fils ou les cousins des disparus. Cette tragédie explique en partie mon peu de goût pour le football. Dans cette affaire ma mère avait sauvé la vie de mon père. Comment l'avait-elle convaincu de la suivre à Rennes, lui qui pourtant tenait beaucoup à ses dimanches après-midi, son seul moment de détente après une semaine éreintante ? Mon père avait acheté la boulangerie-pâtisserie en avril 1945. Pour une bouchée de pain, j'imagine.

J'avais neuf mois à notre arrivée à Corps-Nuds. Je ne pouvais alors me rendre compte de la singularité de ce toponyme. Pendant toute mon enfance, il suscitera les quolibets et les plaisanteries les plus douteuses des villages voisins. Mes copains se révélèrent aussi sourcilleux que moi sur le chapitre de l'honneur villageois, n'hésitant jamais à faire le coup de poing contre ceux qui osaient nous ridiculiser. Cette originalité était rehaussée par le clocher à bulbe, connu dans toute la région. Notre église ressemblait étrangement à un sanctuaire russe. Nous étions fiers et parfois las de cette différence. Elle nous obligeait sans cesse à être sur le pied de guerre.

Les débuts de la boulangerie furent difficiles. Mon père se trouva désœuvré, vu qu'on manquait de farine et que tout était rationné. De cette époque, ma mère, pourtant très prude, gardait un souvenir radieux : « Nous étions très amoureux. »

Dans ces temps-là, la pâtisserie était accessoire. Après les années d'occupation et de pénurie, la population réclamait du bon pain d'avant quarante. Les brioches seraient pour plus tard. Paradoxalement, c'est par les gâteaux que la boulangerie Kauffmann allait acquérir sa réputation. L'art de cuisiner et d'apprêter les produits de la ferme était inné chez ma mère, fille de paysans aisés de la Mayenne. Elle avait l'âme pâtissière mais ne le savait pas. Les fournées étant trop rares, elle allait donner toute sa mesure dans un domaine qu'elle ne connaissait pas.

Je suis convaincu que la pâte feuilletée, la chantilly, la crème frangipane ont soustrait mon père à une mort certaine. Il avait compris ce que la boulangerie devait à la pâtisserie et ne pouvait donc rien refuser à cette épouse qui se révélait si douée. Elle savait être convaincante. Ce n'était pas le genre autoritaire, plutôt insinuant et opiniâtre.

À la femme qui m'a mis au monde, je dois ma première révélation de la littérature. Salambo n'était pas le nom d'une Carthaginoise, fille d'Hamilcar, mais celui d'un gâteau de forme oblongue, fait de pâte à choux remplie d'une crème pâtissière au Grand Marnier, le dessus glacé au caramel. On venait de kilomètres à la ronde dans cette modeste boulangerie de campagne pour déguster ce chef-d'œuvre pâtissier, le savant équilibre du croustillant caramélisé, du léger craquant de la pâte à choux et du moelleux. Je ne savais pas qui était Flaubert. Je ne connaissais pas encore l'incipit : « C'était à Mégara, faubourg de

Carthage, dans les jardins d'Hamilcar. » Mon attrait pour ce livre dément et ma grande tendresse pour l'auteur de *Madame Bovary* datent de cette époque.

Je m'appelle Kauffmann. Je suis né en Mayenne en 1944. Par ma mère, nous sommes apparentés à la famille de Jean Chouan, faux-saunier, de son vrai nom Jean Cottereau, chef de la chouannerie. En fait, je suis breton, plus exactement haut-breton, du pays gallo, cette partie de la Bretagne qui ne parle pas le breton. Dans mon enfance on disait une *rotte* pour un chemin, *faire mérienne* pour faire la sieste, *buyer* pour aller vite, *dérusser* pour glisser. Le mot « maintenant » m'était inconnu, on disait *asteure*. Chez moi, on n'était pas content mais *benaise*.

À la lecture de *L'Argent* de Charles Péguy, j'ai eu la révélation, à l'âge adulte, que j'appartenais à une génération privilégiée. J'avais rencontré l'ancien monde. Ce livre admirable reste pour moi une énigme. Comment Péguy peut-il affirmer qu'enfant il a vu l'ancienne France, une société rurale à jamais disparue, alors que je me suis trouvé face à elle, dans les années 1950 ? « Nous avons connu un peuple, nous l'avons touché, nous avons été du peuple quand il y en avait un », écrit-il. Ces mots-là, je peux les reprendre entièrement à mon compte. Cette France des terroirs, très structurée, identique à la période des années 1930, laquelle était semblable aux premiers temps de la IIIe République, je l'ai vue intacte. Comme chez Péguy, il y avait dans les plus humbles demeures une sorte d'aisance. « On ne comptait pas. Et on n'avait pas à compter. » J'affirme que ce monde, rythmé par les saisons et les fêtes calendaires, n'était pas si éloigné de celui de Virgile, en plus âpre, il est vrai.

La condition d'un enfant d'une commune rurale, issu d'une famille de petits commerçants, était paradoxale. Je devais m'acquitter quotidiennement d'innombrables corvées domestiques – l'eau à la pompe municipale, le transport des ordures ménagères, les courses –, sans compter le portage du pain dans les coins les plus reculés et mes activités d'enfant de chœur, très prenantes. Une fois ces tâches accomplies, j'étais totalement libre et disparaissais de la boulangerie familiale pour battre la campagne. Vu de l'extérieur, j'étais certainement esclavagisé, mais, de toute ma vie, je ne me suis jamais senti aussi autonome, aussi *dégagé* qu'au début de ces années 1950. Je m'appartenais.

Chevaux et charrettes sillonnaient la rue principale. Le passage d'une automobile était un événement. Il y avait un hongreur – un châtreur de cheval –, deux bourreliers, quatre maréchaux-ferrants, sans compter un rebouteux. Je transportais le linge au lavoir. Il y avait une caisse appelée un genouilloir permettant à la lavandière d'être au-dessus de l'eau pour rincer. Chaque jour je devais me rendre à la pompe municipale pour remplir les deux seaux d'eau nécessaires à la cuisine et aux tâches ménagères. Un mariage durait trois jours, comme chez Flaubert. Après un baptême, les parents du nouveau-né lançaient des dragées à la volée à la sortie de l'église. On n'achetait jamais de vêtements, une couturière venait à domicile confectionner chemises et costumes. Le mot de paysan était péjoratif, il n'y avait que des fermiers même si le fermage avait disparu. Mon père ne prononçait pas le *y* et disait « les paisants » avec une nuance de condescendance. Dans les années 1950, ces derniers étaient encore nombreux à faire leur pain : de grosses miches rondes de dix livres qui, quinze jours plus tard, restaient encore fraîches et moelleuses. Mon père méprisait ces pains rustiques à la mie grise que je trouvais pourtant savoureux.

Dans ces années d'après-guerre, les boulangers rivalisaient d'adresse pour élaborer un pain blanc, par opposition aux succédanés de couleur incertaine produits sous l'Occupation. L'essentiel de la boulangerie paternelle consistait en des pains de deux à quatre livres – la baguette, c'était pour les gens de la ville. Chaque pain était pesé, et on y ajoutait un quignon pour faire l'appoint en poids.

J'ai baigné dans un monde d'une richesse extraordinaire. Odeur du pain chaud et de la croûte légèrement toastée, parfum tiède de la brioche, odeur des moules à gâteau pinceautés au beurre, fumet du bois qui pétille dans le four, bouquet vanillé de la crème pâtissière… Et le dimanche, les effluves des pièces de veau, de bœuf et des poulets que les gens du village apportaient dans des récipients en Pyrex, profitant du four à pain encore chaud. Au bout d'un certain temps de cuisson, les plats attachaient. J'étais préposé à leur arrosage. Le fournil exsudait alors, non pas une odeur de cuisine, mais une symphonie olfactive, à la fois délicate et capiteuse, une senteur grasse et rissolée. Je m'évertuais à en identifier chacune des notes. Mon goût pour le vin et la reconnaissance des arômes vient de là. Je me suis efforcé dans mes livres d'entreprendre un travail d'élucidation, comme dans une enquête policière. Essayer de révéler ce qui est caché. Ouvrir le « coffre-fort du sens ». Dans cet exercice de dévoilement, les odeurs occupent une place capitale.

L'odeur perdue de l'enfance, voilà ce que je ne cesse de rechercher. Une quête impossible. L'haleine de mon village reste un secret bien gardé : un mélange de crottin de cheval, de bourrasque mouillée et de suie. Et ce relent indéfinissable de linge bouilli des années 1950. Retrouverai-je l'odeur des épiceries ? Chacune avait son empreinte olfactive, où prédominaient des émanations de café torréfié, sur un fond sombre et exotique de tubéreuses, avec des variantes telles que le parfum de réglisse en bâton, le pain d'épices et les ondes parfumées que dégageaient les bocaux à bonbons transparents répandant, une fois ouverts, des notes fusantes, à la fois acidulées et sucrées.

L'église gardait cette empreinte de cave fraîche avec un mélange d'aromates, de pierres coquillées et de sachets de fleurs. J'allais dire une odeur spirituelle, un noble mélange, infusion de l'esprit, il est vrai un peu confinée, mais que je prenais pour des senteurs mystiques.

N'était-ce pas cela, l'odeur de sainteté, même s'il subsistait dans l'air la trace du parfum poudré des paroissiennes – ces fragrances fleuries et boisées, alors qualifiées de *chyprées* ? Plongée dans la pénombre, la sacristie sentait le linge humide amidonné, le brocard moisi des vêtements sacerdotaux et le vin de messe, un moelleux des coteaux du Layon que prisait particulièrement notre curé. Levé à l'aube, j'avais pour mission de servir deux messes, celle du curé et celle de son abbé. La première était interminable. Je me plaisais à verser la totalité de la burette de vin dans le calice. Le curé ne protestait pas tandis que l'abbé m'arrêtait net, préférant l'eau avec un doigt de vin. Les deux hommes de Dieu ne s'entendaient pas.

Mariages, enterrements, baptêmes, vêpres, communions solennelles, Fête-Dieu, j'étais de toutes les cérémonies. L'église a fait mon éducation, bien que je m'y ennuyasse fort. C'était l'époque où l'on administrait encore l'extrême-onction. J'adorais précéder le curé en agitant ma clochette. À notre passage les gens se signaient. Je regardais avec curiosité le moribond luttant pour retarder le dernier moment. J'avoue que cette fascination pour le passage de vie à trépas n'était pas dépourvue de voyeurisme. « Va-t-il aller au ciel ? » demandais-je anxieusement au curé. J'avais une peur bleue de la damnation. Sur ce chapitre, notre pasteur savait y faire. Ses prêches nous menaçaient tous de l'enfer et du feu éternel. La figure de Satan n'a eu de cesse de rôder dans ma vie d'enfant. Lucifer, l'ange déchu, porteur de lumière et figure du Mal. J'avais la chair de poule lorsque notre curé prononçait le verset : *Diabolus tamquam leo rugiens circuit quaerens quem devoret* (« Le diable comme un lion rugissant rôde autour de vous cherchant qui il pourra dévorer »). Pour moi, l'Adversaire, le prince de la Mort, est aujourd'hui plus présent que jamais.

Non dénué de finesse, notre curé savait que la terreur ne suffisait pas à gouverner ses ouailles. Il s'appelait Paul Brionne. C'est lui qui régissait notre petite principauté villageoise. Personnalité intolérante, impérieuse et secrète, au physique replet – il adorait les salambos maternels –, il avait atterri dans cette commune rurale en 1945. Je me suis aperçu plus tard que son parcours ne cadrait pas avec cette affectation dans une cure de deuxième classe. Excellent latiniste, il avait fait, avant la guerre, des études de théologie à Rome. Quelle était la faute du curé Brionne ? Où avait-il appris ce sens prodigieux de la mise en scène qui conférait à sa liturgie un faste inouï ? C'est par cet apparat très post-tridentin qu'il compensait chez les paroissiens souvent crédules la peur du Malin.

J'adorais les mariages. Aux côtés du curé, j'étais au premier rang comme au théâtre. La scène était en face de nous, dans l'assistance. Je scrutais l'expression des futurs époux dans le transept. Étaient-ils bien ou mal assortis ? Qui portera la culotte ? Comment va se passer la nuit de noces ? Inutile de préciser que, dans ces sociétés villageoises, la future épouse se mariait vierge, sauf accident.

J'étais le spectateur envoûté de ce metteur en scène déclassé. Envoûté parce que j'étais aussi un acteur de ses shows. Un comédien zélé. Il appréciait mon sérieux pendant les offices-spectacles qu'il offrait à ses fidèles. Mon application n'allait pas sans une certaine dose d'hypocrisie. Je me plaisais dans son dos à imiter son maintien majestueux et sa componction. Il était si imbu de lui-même qu'il ne voyait rien. À mon endroit, il faisait preuve d'une certaine bienveillance, m'autorisant par exemple à jouer de l'harmonium dans son presbytère – martyriser serait plus exact, j'essayais désespérément de tirer des accords, si bien que le vieil instrument finit par rendre l'âme.

L'enfance reste un secret bien gardé et je sais bien que les souvenirs, les odeurs possèdent un contenu qui ne sera jamais divulgué. Ces impressions, ces images en fait n'expliquent et ne rendent compte de rien, si ce n'est du gris, celui de la mémoire où miroite parfois l'apparence d'une réalité. Tout semble y être révélé alors que rien n'y est vraiment élucidé.

Une chose est sûre. Comme Péguy, je peux affirmer que « la débâcle s'est faite d'un seul tenant, et en moins de quelques années ». En 1965, il ne restait plus rien de ce vieux monde. Comme tous les visionnaires, Péguy était simplement *trop* en avance. Il annonçait l'hégémonie marchande, l'adoration du bien-être, la tristesse d'un temps sans avenir. Ces notions-là nous étaient inconnues. La grise apocalypse que promettait le prophète Péguy avait-elle commencé ?

VOILÀ, JE VIENS DU HAVRE, C'EST MA PROVENANCE

Maylis de Kerangal

Le Havre commence gare Saint-Lazare. J'entre dans la salle des pas perdus, des mètres linéaires de vitrines s'étalent désormais sur trois niveaux, une vingtaine d'escalators s'y croisent et s'y décroisent, mais une fois sur le quai, c'est toujours au bout, à droite, côté rue d'Amsterdam, entre la voie 18 et la voie 25, que l'on monte dans le train du Havre. L'Intercité a remanié le Corail aux banquettes de moleskine caramel et aux rideaux plissés, et parfois c'est même un train de banlieue à étage, mais c'est toujours là que je me pointe en sprint, engouffrée *in extremis* dans la dernière voiture à l'instant du départ.

Ce train, je le connais. Je l'ai pris régulièrement pour rentrer chez moi à partir du milieu des années quatre-vingt, toujours le samedi matin, et cela pendant sept ou huit ans. Le paysage derrière la vitre a changé depuis, la banlieue au sortir de Paris s'est densifiée, le continuum de parkings entre Poissy et Mantes s'est étendu, mais le trajet dure toujours deux heures et douze minutes, et c'est bien la même ligne, scandée des mêmes noms de gares, chantés par ces mêmes voix ferroviaires, celles qui font revenir dans l'instant ces trajets où je dormais, écroulée en chien de fusil en travers d'une banquette après une nuit blanche : Rouen, Yvetot, Bréauté-Beuzeville, et enfin, Le Havre, qu'annonçait l'odeur de la raffinerie de Gonfreville-l'Orcher, Le Havre-terminus, tous les passagers descendent de voiture, vous êtes les bienvenus au buffet touristique – de toute façon les rails s'arrêtent, on est à bout de continent, devant c'est la mer.

À l'époque où j'en étais l'usagère assidue, les passagers de ce train qui, comme moi, descendaient à la fin de la ligne, étaient essentiellement havrais : qui, franchement, aurait eu l'idée d'aller passer un week-end là-bas ? Un fou de peinture peut-être aurait fait le voyage, un mordu de windsurf à la rigueur, ou un fan de Little Bob, mais certainement pas ce couple de Parisiens assis en face de moi, fébriles, penchés sur un guide touristique où je distingue en couverture la tour de la mairie, emblématique de la ville de l'après-guerre dont l'architecte Auguste Perret dirigea la reconstruction, ville aujourd'hui classée par l'Unesco. L'homme et la femme s'embrassent, ils partent au Havre en amoureux, ils en ont fait une destination désirable, exactement le contraire de ce qu'elle était quand j'y habitais, le contraire de celle dont je me souviens.

Le Havre où j'ai grandi, ce précipité rugueux de béton et de vent, mélange de communisme municipal orthodoxe et de temps pourri, de rues larges et de port phénoménal, de rock prolo, de mouettes piauleuses et de sirènes de navires, cette ville était d'abord celle de la disgrâce, autrement dit, ensemble, la laideur et la relégation – et j'aurais donné beaucoup, à 15 ans, pour prendre le train dans l'autre sens, et m'enfuir vers Paris magnétique, vers le chaud, le plein, le cœur du réacteur. À l'époque, ceux qui venaient tout de même nous rendre visite, et que l'on avait dû appâter avec la mer, la plage, les fastes du rivage, écarquillaient des yeux sidérés en découvrant la physionomie de cette station si peu balnéaire, l'architecture modulaire, les artères nues, les façades rectilignes, le carroyage des voies : ho, c'est l'Allemagne de l'Est ici ou quoi ? En pleine guerre froide, ces plaisanteries prenaient un tour vaguement hostile, j'avais le sentiment d'être du mauvais côté du Mur, celui de l'uniformité, celui de l'austérité, et mon amour de Nadia Comaneci, que je tentais d'imiter aux barres asymétriques dans un gymnase près du stade Youri-Gagarine, compliquait tout.

Or c'est précisément cette ville de la reconstruction, cet urbanisme de l'économie et de l'urgence, ce même béton prosaïque et ordinaire qui sont aujourd'hui célébrés, c'est cette ville de sortie de guerre, née des ruines de l'autre, sur une couche de gravats épaisse d'un mètre, que l'on vient admirer. Les deux amoureux qui chuchotent en face de moi et remuent sur la banquette du Corail iront certainement visiter un appartement témoin dans l'un des immeubles de la place de l'Hôtel-de-Ville, un appartement semblable à celui où j'ai passé mon enfance en ce même endroit – comme on visite l'unité d'habitation de Le Corbusier dans la Cité radieuse de Marseille. Leur parcours havrais les conduira vers d'autres édifices et d'autres architectures, vers Oscar Niemeyer, architecte du siège du Parti communiste à Paris et de la maison de la culture du Havre – son béton blanc, sensuel et courbe contrastant avec celui de la reconstruction –, vers Jean Nouvel ou Alexandre Chemetoff, aussi. J'espère surtout qu'ils passeront la porte Océane pour gagner le rivage, et iront se tordre les pieds sur les galets devant la mer, couleur vert-de-gris, ferraille, fumée – mais bleu ici, rarement.

Le regard sur Le Havre s'est converti, cela me déroute. Certes, depuis trente ans, la ville a changé. On a reconfiguré le centre, aménagé la plage, rappelé le tram d'avant-guerre, détruit l'ancienne gare maritime, recyclé les docks. Le Havre ne fait même que ça, changer, c'est le propre des villes, mais mon cœur de mortelle toujours la reconnaît. C'est d'ailleurs la reconnaître si bien qui me bouleverse, tandis que je ressaisis dans une même émotion ce qui du Havre où j'ai grandi s'estompe, se déforme, disparaît, et ce qui au contraire persévère – ma mémoire fait du trapèze.

L'air, le vent, le ciel et la mer, la lumière, tout cela persévère. L'air que l'on respire à peine descendu sur le quai alors que les cris des mouettes, répercutés sous la halle comme dans une grande volière, amplifient un ciel encore invisible et saluent les amoureux ; le vent de l'ouest, marin, puissant, qui transforme les rues du centre en canyons, dégage le front et fait les joues fraîches, écaille le bois des volets, rouille les vélos et donne la chair de poule sur les mollets dès le mois de septembre – l'air du large, rarement expression n'aura sonné si juste puisque de fait, ici, tout s'élargit ; le ciel en crue, échancré, évasé sur le fleuve et la mer, l'estuaire et l'horizon, un ciel mouvementé, à donner le vertige, sans bord, sans centre, et qui ne sait figer en lui de forme stable – ciel de peinture. J'aime que les éléments soient très clairs ici, tangibles et francs.

Le Havre, c'est donc d'abord un site et un climat. En cet endroit, on marche contre le vent, penché, la tête rentrée dans les épaules avant d'arriver au carrefour où surgit la bourrasque, on scrute la météo, on interprète la forme des nuages, on espère sortir, on se hâte de rentrer, on regarde par la fenêtre à longueur de journée, tout mouvement vers l'extérieur est incertain. Derrière la vitre, le dehors se brouille, la réalité se déforme, à l'intérieur le carreau ruisselle, et quand vient l'éclaircie, le ciel s'entrouvre, un ciel d'apparition, il irradie d'une lumière de vitrail.

Voilà, je viens du Havre, c'est ma provenance. Chacun de mes livres est écrit pour que j'y revienne, pour la faire revenir, pour approcher ce qui d'elle me constitue comme on le dit d'un matériau, du constituant d'un sol, ce qui d'elle me hante.

NICE, MA VILLE D'ENFANCE

Véronique Olmi

Et soudain elle me dit *tu écriras*. C'était en août, nous étions une vingtaine réunis dans un restaurant de Normandie, pour déjeuner en famille. Quand on habite Nice on passe l'été ailleurs, loin d'une ville prise sans précaution par des vacanciers affamés de soleil. Ma famille avait ses habitudes à Coutainville, et nous y étions comme les bourgeois, en villégiature. C'est là que soudain elle me dit *Tu écriras*, de but en blanc, debout parmi tous ceux qui n'avaient pas encore pris place autour de la grande table. Et puis elle s'éloigna pour parler à d'autres.

C'était ma grand-mère, elle avait huit enfants, trente-trois petits-enfants.

Lorsqu'elle me dit *Tu écriras*, j'avais dix ans, peut-être onze. Et je n'y avais jamais pensé. Je lisais tout le temps, ça n'était pas un loisir c'était une habitude, je lisais des livres de la bibliothèque familiale, ou municipale, des livres recherchés ou pris au hasard, je lisais dès le matin quand la chambre était dans la pénombre et que mes frère et sœur dormaient encore, ainsi je commençais la journée avec la sensation qu'on me parlait à l'oreille.

Lire était une affaire sérieuse, une immersion qui me rendait un peu nerveuse, et exaltée aussi, j'avais des angoisses, des chocs, des troubles, à cause de ce qui arrivait aux autres, dans les livres. Je ne me défaisais pas de leurs vies, je m'en chargeais, et je ne les oubliais jamais. Je lisais. Mais je n'écrivais pas. Elle, écrivait. Des lettres, des pièces de théâtre, des romans, des poèmes, ses Mémoires. De grands cahiers à carreaux recouverts de son écriture appliquée et pointue, celle qu'elle avait apprise pour passer le certificat d'études, l'écriture à la plume qui gardait, même au stylo Bic, la calligraphie élégante d'alors, les boucles des majuscules, les pleins et les déliés, chaque lettre dessinée dans le respect de sa forme, son exacte largeur, son exacte hauteur, comme si en dehors de leurs lignes les mots pouvaient trébucher et perdre, en même temps que leur équilibre, un peu de leur sens. Je me souviens de ses innombrables cahiers (elle disait : « Mes enfants de papier ») dont les tranches s'effritaient au fil du temps, je me souviens du titre d'un roman que j'aimais bien, *Le Cheval de carton*, du poème « Ce n'est pas moi » qui disait son étonnement, à quatre-vingts ans passés, d'être tombée dans la rue pour la première fois, alors qu'elle se sentait si jeune, quinze ans tout au plus. Elle écrivait beaucoup mais n'était pas publiée, n'avait jamais cherché à l'être, une femme de son milieu ne songeait pas à faire de l'écriture, ou de n'importe quel art, un métier. L'émotion ne devait pas être fouillée trop loin, pas plus que l'imagination, rien ne devait vous submerger, vous emmener ailleurs, dans un vertige qui vous aurait détournée de vos devoirs de femme : tenir votre maison et élever vos enfants. Le don était simplement une couleur supplémentaire généreusement octroyée par Dieu pour vous identifier, mais rien ne sortait du cercle familial et c'est là que tout se partageait, des soirées pleines de chants et de jolis poèmes empreints d'une morale un peu naïve, mais qui souvent disaient un rêve d'évasion, une aspiration retenue, de justesse.

L'été fini nous quittions Coutainville pour rentrer en Provence. Mes parents à Aix, mes grands-parents à Nice. Aujourd'hui à Aix je vais voir mes parents. À Nice je retrouve l'absence obsédante de mes grands-parents. Je surmonte. J'enjambe le parapet du temps. Je fais comme si la vie de maintenant avait autant de puissance que celle de l'enfance. Je ne lève pas les yeux vers la colline où était leur propriété, *Le Florido*, avec ses jardins en terrasses, les orangers, les citronniers, le bougainvillier qui montait jusqu'aux balcons du premier étage, l'escalier de marbre et les vitraux pleins de soleil coloré, le chien Gribouille qui nous terrorisait et que mon grand-père enfermait quand nous étions là, les animaux furtifs dans le fond du jardin que nous appelions « la Pampa » et qui nous effrayait comme un bout de terre dangereuse alors que ça n'était que la partie non entretenue d'un jardin trop grand. Et la vue sur la mer. Brûlante, lumineuse. La puissance avec laquelle elle étirait l'horizon jusqu'à ce que le bleu du ciel devienne blanc, comme si elle avait aspiré et possédé sa couleur, et après cet horizon perdu, qu'y avait-il ? Même si je la regardais depuis la maison dans la colline, la mer me dominait, elle nous dominait tous. L'après-midi nous descendions jusqu'à elle, et quel privilège c'était, la mer au cœur de Nice ! Cette dentelle d'écume douce, le frémissement des galets dérangés par le ressac, la musique de leurs tremblements réguliers, et sur la plage, enfants comme adultes nous demeurions naïfs, et soulagés de l'être, car de cette naïveté naissait notre joie.

Quand je suis à Nice aujourd'hui, je ne lève pas les yeux vers la colline, mais je ne pense qu'à elle, la maison de l'enfance, le gâchis, le remords, l'éternel regret. Elle est là et elle me regarde. La maison vendue à la va-vite après l'attaque de mon grand-père, une nuit, la panique de ma grand-mère qui, au lieu d'appeler les secours, descend avec lui les escaliers de la maison et ceux du jardin, l'allonge dans la voiture et conduit pour la première fois, et sans permis. Comment elle sort la voiture du garage creusé dans la roche, comment elle suit les entrelacs de la route, comment elle arrive dans le bas de Nice, comment elle se repère dans la nuit, comment elle trouve l'hôpital et sauve mon grand-père. Je ne l'ai jamais compris. La mort avait mordu son homme, mais elle lui avait fait lâcher prise, dans une sorte de folie furieuse qui s'accordait à son caractère passionné et à son endurance. Juste avant cela, il y avait eu la faillite de deux de leurs fils, des dettes abyssales... La maison a été vendue, *Le Florido* n'était plus notre adresse et notre enfance a pris fin. Nous le savions tous, même les plus petits d'entre nous, nous savions que c'est là que tout finissait, et très jeunes, nous avons eu un passé. Moi qui pensais que toutes les enfances avaient vue sur la mer, que toutes les enfances étaient accueillies par la beauté, j'étais soudain arrachée aux privilèges, et pour toujours *Le Florido* est un nom qui me donne le cafard, un nom imprononçable, un nom à pleurer.

Un jour elle m'a dit *Tu écriras*. Et j'ai écrit. J'ai fait revivre *Le Florido* dans un roman, j'ai inventé l'histoire d'une femme qui sonne à sa grille, là où la maison se dérobe encore aux regards. C'est une femme qui a traversé la France pour venir chercher quelqu'un qui vient, précisément, de l'enfance. Son premier amour. Elle arrive, elle sonne et on lui ouvre. Elle monte lentement les niveaux successifs de ces jardins qui mènent à la maison d'en haut, et elle ignore comment le temps a changé en homme mûr le gamin qu'elle a aimé. Ça n'est pas une histoire romantique, celle d'un amour renaissant, d'une jeunesse ressurgie, l'homme que la femme retrouve est sans mémoire, et la maison a vieilli, sur elle aussi le temps a posé ses marques, mais cette maison, je l'ai à peine décrite. C'est la maison de l'enfance, tout le monde en a une, ça peut être une chambre, une pension de famille, une datcha, un bateau, une cabane dans un arbre, une caravane... C'est le lieu où tout commence, où l'on découvre un monde incompréhensible que l'on tente de faire sien, dans lequel on prend des repères, dont on apprend les endroits doux, protégés, et ceux dont il faut se méfier, un lieu dans lequel on essaye de ne pas se perdre. Et que l'on aime. Je voulais que chaque lecteur, en franchissant le seuil de ma maison d'enfance, entre dans la sienne, partage mon émotion et ma nostalgie brutale, et pour cela je savais que très peu suffirait. Il ne fallait pas décrire l'architecture ou la place des meubles, la couleur des tapis, il fallait parler de la place du mystère et des couleurs du jour, de la tendresse de ce qui se rend et de la force des odeurs qui nous imprègnent, s'inscrivent en nous sans que nous y prenions garde, ignorant la force des premières sensations, et du poids de cette enfance que nous porterons en nous pour toujours, comme un animal sa coquille.

Après la faillite des fils, après l'attaque de mon grand-père, peut-être causée par ce désastre, après la vente du *Florido*, mes grands-parents ont emménagé dans le centre de Nice, un trois-pièces rue Rossini. C'était un appartement dont le jardin s'arrêtait aux rebords des fenêtres et l'horizon à la maison d'en face. La rue était bruyante, encore plus la nuit que le jour, des cris, des cavalcades, des voitures, des motos… Où étaient les aboiements de Gribouille, les oiseaux nocturnes, les grillons, le vent dans les arbres du jardin, la fureur des palmiers avant l'orage ? À l'angle de la rue Rossini il y a la rue Gounod et au 9, la pension russe où Tchekhov avait séjourné de longs mois et écrit l'ébauche de *La Cerisaie*, cette belle propriété familiale vendue pour dettes… Mais quand mes grands-parents sont arrivés dans le quartier des Musiciens en 1970, je n'avais pas lu Tchekhov, je ne connaissais rien de lui, à part son nom, peut-être.

Quand on venait les voir rue Rossini, on ne choisissait plus sa chambre, on posait des matelas au sol, on dormait sur le sofa, on ouvrait un canapé, on posait un lit de camp dans la pièce sous les toits où mon grand-père entreposait son vin. On ne se plaignait pas, on était chez nous comme au *Florido*, même si les voisins trouvaient qu'on chantait trop fort, que mes grands-parents écoutaient *Carmen* ou *Faust* trop fort, et la télévision aussi, *Au théâtre ce soir*, trop fort, et étant sourds parlaient trop fort, et ma grand-mère traînait les pieds quand elle était fatiguée, et marchait trop fort. Elle encaissait les reproches et faisait des efforts qu'elle oubliait assez vite, et tout le monde faisait comme elle, on oubliait ce qui était désagréable et on se persuadait qu'au fond rien n'avait vraiment changé, et nous étions comme avant, heureux d'être ensemble. Et puis on pouvait aller à la plage à pied, la promenade des Anglais c'était la première à droite et tout droit jusqu'à la mer. Et Le Bon Lait, et la boulangerie, comme c'était pratique de tout avoir sous la main. Le marché couvert était à deux cents mètres. *Ça facilitait drôlement la vie.* Mais Nice était descendue de quelques étages. Nice s'était décrochée, on était moins près du ciel, la mer avait perdu son horizon, le matin ne sentait plus les oranges chaudes, on ne traînait plus en chemise de nuit sur les terrasses, on ne fouillait plus dans la chambre des déguisements qui sentaient la naphtaline et le taffetas humide, on ne jouait plus sur le piano désaccordé, on n'organisait plus de parties de cache-cache dans la nuit, on n'avait plus peur des escaliers abrupts de la cave, des aboiements de Gribouille, des longs couloirs, des W.-C. du rez-de-chaussée avec la fenêtre donnant sur les broussailles. On n'avait plus peur de rien car on connaissait tout.

Avant de quitter *Le Florido*, mes grands-parents avaient brûlé des meubles dans le jardin, ils avaient osé cela, cette destruction, et c'est peut-être grâce à elle qu'ils pouvaient tout supporter et s'habituer à tout. Ce feu, je l'imaginais près de la Pampa, la partie en friche du jardin, car il aurait été fou qu'ils aient osé brûler des meubles dans les parties que mon grand-père entretenait avec passion, le terrain de pétanque près duquel il cultivait des plantes grasses, ou près des plantations d'œillets et de mimosa, les grandes jarres débordantes de géraniums et de roses, les allées de graviers qu'il ratissait toujours avant un dîner pour que les invités foulent une terre préparée à leur intention. J'imaginais mes grands-parents brisant et brûlant des chaises et des tables, dans l'odeur atroce de la peinture qui s'enflamme, et mes parents déploraient qu'ils n'aient « aucun sens de la valeur de ces meubles ». Je trouvais, moi, qu'ils avaient le sens du tragique et savaient quitter un lieu avec panache, sans se plaindre, mais en allumant un brasier.

Au fil du temps, Nice a pris les dimensions qu'avait leur vie. Elle décroissait avec eux. Aujourd'hui elle pourrait tenir dans un poing. Ou sur une simple photo. Je garde celle, sur la promenade des Anglais, où ils posèrent pour un photographe au temps de leurs fiançailles. Tous deux sont chapeautés, gantés et fiers, avec un sourire impossible à réprimer, un sourire que le photographe n'a sûrement pas commandé car ce n'est pas lui qu'ils regardent, ils semblent suivre des yeux un oiseau dans le ciel, leur visage est un peu tendu, ils pensent à leur avenir, peut-être, ils pensent *Dans une heure, Dans un mois, Dans une vie*. Et éblouis par le soleil, leurs regards levés ne voient pas la grande maison sur la colline, qui sera la leur.

Si le temps est embrouillé, si le temps n'est pas linéaire mais mouvant, s'il confond les vivants et les morts, alors Nice est encore à eux, soustraite aux carnages modernes, aux fanatismes, aux barbares et aux salauds. Nice est comme eux, elle oublie le malheur et chante et parle et marche trop fort. Elle a la grâce de ceux qui jamais ne déplorent et jamais ne se plaignent. Nice est dans Nice et ailleurs aussi. Je la porte en moi et je la retrouve parfois dans les villes bordées par la Méditerranée, Tanger,

Beyrouth, Naples, Marseille, ces villes qui me renvoient l'écho des voix dans les petites rues lorsque le soleil descend, et par-dessus ces voix, par-dessus les cris, les klaxons et les pas, j'entends la mer, sa respiration inlassable, sa longue fidélité. Parfois je retrouve Nice dans les lumières de réverbères allumés le long d'une route en lacets, pareil aux nuits éclairées de la promenade des Anglais, ses boucles lumineuses qui descendent jusqu'au port. Parfois je retrouve Nice sur la couleur ocre d'un mur aussi dépouillé qu'une fresque ancienne, et je pense à la socca que nous mangions en marchant dans les ruelles jaune et rouge de la vieille ville, les papiers gras dans nos mains et sur nos lèvres ce sel qui recouvrait celui de la mer que nous quittions à peine. Je reconnais Nice dans des odeurs de fioul et de poisson séché, et je nous revois pêchant la bouillabaisse dans la barque de mon grand-père amarrée au port de Villefranche, le mal de mer de mon père et la façon dont ma grand-mère arrachait sans scrupules l'hameçon aux gueules des rougets, et je trouvais qu'elle avait de la chance car mon grand-père avait donné à la petite barque son prénom, qui avait des chiffres au fil du temps et des bateaux : *La Martha*, puis *La Martha II* et *La*

Martha III. Et puis plus rien. Je reconnais Nice quand je vois de hauts murs de pierre sous les filets tendus au-dessus d'une route qui serpente, c'était les routes du retour, quand nous rentrions au *Florido* après une promenade, mais je n'entre plus dans la maison d'en haut j'en rêve seulement, des rêves toujours identiques dans lesquels je me perds et dont l'angoisse m'extrait en sursaut. Je reconnais Nice par surprises, par instants confondus, par bouquets. Mais je ne reconnais jamais Nice quand d'autres m'en parlent, c'est une ville trop facile, pas assez poignante, pas assez tragique, et je me sens spoliée. J'ai partagé Nice avec des hommes, avec mes enfants. J'y ai donné des ateliers d'écriture. Parlé de mes romans. Fait le guide pour une émission radio, choisissant le cimetière russe de Caucade qui domine la mer, comme *Le Florido*, sa lumière triste et sauvage sur les escaliers de pierre fendus, les anges sculptés parmi les croix orthodoxes et catholiques, les Russes blancs, les vieilles familles niçoises, et les cyprès amers. Choisissant le musée d'Art moderne où les monochromes de Klein me renvoient impitoyablement à la question : qu'y a-t-il derrière ce que je vois ? Qu'y a-t-il après la mer ? Et je n'ai pas plus de réponse que lorsque j'avais cinq ans.

Je reviens à Nice souvent, trop souvent peut-être. Et il n'y a rien à faire. Nice ne s'actualise jamais. Nice ne se détache pas de mes premières années, elle est arrimée à ce temps qui s'éloigne sans se ternir, ce temps qui semblait à nous pour toujours. Mais elle est morte depuis longtemps celle qui m'avait dit *Tu écriras,* sans que je comprenne pourquoi. Mais aujourd'hui je le fais, j'écris et je réalise peut-être son rêve inavouable et incorrect, je suis éditée. Et mon Dieu… je lui dois bien ça.

LES HAUTS D'ENFANCE

Michel Quint

Les Hauts-de-France sont une région faite de disparitions. Pas une région fantôme mais une région magique, qui réalise le miracle de vivre sur l'absence.

Du temps de mes jeunes années, elle s'appelait « Nord-Pas-de-Calais ». Ce qui m'allait bien. Parce que j'ai la double nationalité. Et depuis des temps forts reculés : nul parmi mes ascendants n'est né depuis le quinzième siècle hors ces deux départements ou la proche Belgique, qui ne s'appelait pas encore ainsi. Alors les paysages et les gens qui vont avec je les ai imprimés dans la rétine, gravés dans mon ADN.

Je suis né en 49 à Leforest, chez mes grands-parents maternels, à la lisière du Pas-de-Calais, juste au bord du bassin minier, entre une ferme exploitée par un cultivateur prénommé Aristote, ses pâtures et champs de blé, d'orge, d'avoine, et une voie ferrée des Houillères, réservée au transport du charbon. On le sait, seuls cinq départements en France comptent désormais plus de dix pour cent de population agricole. Le Pas-de-Calais n'en fait pas partie. Fini les fermiers au prénom de philosophe ! Quant à la mine, elle n'existe plus que chez Zola, Sorj Chalandon ou Sophie Chauveau, en romans ! On m'a offert récemment une lampe de mineur parce que mes deux grands-pères étaient l'un porion, l'autre mineur de jour, aux mines de l'Escarpelle. J'ai cru qu'on m'offrait l'authentique lampe d'Aladin, tellement l'objet se fait rare. J'ai passé la plupart de mes week-ends, et au moins un mois de vacances par an, jusqu'à mon bac, dans cet environnement à la fois rural et prolétaire. Celui des terrils, classés désormais au patrimoine mondial de l'Unesco, comme seules montagnes, nues. Entre gueules noires et chevaux boulonnais à grosses pattes et z'yeux doux.

Une semaine ou deux après ma naissance, ma mère m'a ramené chez nous, à La Madeleine, dans la métropole lilloise où j'allais demeurer désormais, aller au lycée, faire mes études supérieures et plus tard devenir prof de lettres classiques puis de théâtre. Lieu de métallurgie et de textile. Toutes activités industrielles dont il ne reste guère que le souvenir et quelques avatars.

Une ancienne usine textile à Roubaix, l'usine Cavrois-Mahieu, vers le bout d'une rue autrefois d'une santé commerçante à toute épreuve et aujourd'hui en insuffisance respiratoire, est devenue espace culturel alternatif sous le nom de « Non-Lieu ». C'est tout dire. Surtout la mort et la résurrection incroyable des friches industrielles d'aujourd'hui. Qui vivaient encore jusque dans les années soixante-dix. Ces usines produisaient, vendaient, achetaient, rayonnaient dans le monde entier. Du temps de mon enfance, de mes semaines de primaire, ensuite de secondaire, et ensuite, peu avant les premières attaques de la première crise pétrolière, de mon parcours dans l'enseignement supérieur.

J'ai habité à deux pas de la Lainière, géant du textile, forteresse de briques, si vaste que les employées des étages n'avaient pas le temps de parcourir aller et retour le long couloir vers l'endroit où la pause déjeuner était autorisée. Ce haut lieu, visité par la reine d'Angleterre dans les années cinquante, employait des milliers d'ouvriers et d'ouvrières, puis de moins en moins jusqu'au début de ce siècle. Il en reste, aux confins de Wattrelos, un tas de gravats. La Condition publique, sorte de ville dans la ville de Roubaix, monument traversé par une rue en U, pavée, bâtiment ruche, secret, qui disait par sa longue et haute façade la puissance de l'industrie textile, par où transitaient les laines venues des cinq continents pour y être analysées avant d'être redistribuées dans les différentes usines, cette Condition publique est devenue une Maison Folie, centre culturel avec salle de spectacle, restaurant. Ce furent là les autres décors ordinaires de mon enfance, à la fois urbains et prolétaires. Celui des hautes cheminées comme points culminants.

Ne négligeons pas Wattrelos où j'ai habité entre 55 et 67 en tant que ville frontalière. Si on prend le boulevard Carnot à Lille, puis tout droit le Grand Boulevard vers Roubaix, puis tout droit à travers Roubaix et Wattrelos, on arrive à la frontière. Qui n'existe plus non plus. Et qui pourtant a structuré l'esprit de transgression de milliers de petits fraudeurs d'essence, moins chère en Belgique, de cigarettes, comme les premières que j'ai fumées, passées en douce par ma femme, adolescente à l'époque.

Wattrelos comportait encore, dans les années cinquante et soixante, des zones vertes, emblavées, sur ces lisières belges, avec des mares à tritons et salamandres. Je pouvais y trouver mon content de campagne. Mais le quotidien était couleur de peignage, de teinturerie, de tissage, de fonderie et de petites fabriques de machines à laver. Mon père était professeur d'électricité au lycée technique Turgot de Roubaix et ma mère couturière à façon. J'avais à la maison le double visage de l'agglomération lilloise.

De ces deux univers qui m'ont fabriqué, guidé, adapté au monde, comme un climat façonne les hommes qui l'habitent, demeurent à la fois des vestiges architecturaux, des ruines et des friches, une sorte d'immense site archéologique, et des témoins, de moins en moins nombreux de ces âges d'or de la région, heureux, joyeux, et infernaux à pas croire. Ces gens modestes communiquaient par le labeur : des jeunes filles du bassin minier, vers Lens ou Leforest, prenaient le bus à quatre heures pour embaucher à Roubaix à six. Au bal du samedi, elles sentaient encore le suint de la laine vierge et les jeunes mineurs de fond, charbon tatoué sous la peau, les laissaient faire tapisserie. Et le charbon extrait fournissait l'énergie aux industries de Lille-Roubaix-Tourcoing.

Ma mère, née à Leforest comme moi, retrouvait une sorte de parfum de pays natal sur la lessive qu'elle suspendait : la suie crachée par les hautes cheminées de Roubaix laissait des traces sur le linge propre. Ce n'est pourtant et surtout pas une région à regrets, à nostalgie, c'est une région à cicatrices refermées, nettoyées, prête à d'autres moissons, comme un jardin, un potager, un verger neufs après de tristes récoltes, des abandons, où tout ce qui a disparu, s'est éteint, a laissé des graines, de la germination en train. Germinal toujours recommencé. Un jardin de mémoire, fertile.

Il faut en effet se souvenir que c'est ici, je veux dire les Hauts-de-France, un lieu de rencontre historique, un carrefour européen laborieux et un champ de bataille presque permanent. Que nous avons dû compenser, rendre supportable par le travail et l'accueil humain, pour des flux d'immigrés, l'absence de leur Pologne, de leur Italie, Portugal, Espagne, pays du Maghreb, Afrique noire… Que la plupart des guerres, des batailles, depuis l'Antiquité, celle des Dunes, Bouvines, Vimy, ont laissé ici des cimetières bien élevés et des charniers sauvages inconnus. Nous sommes la région des âmes mortes. Une région faite de disparitions habitées.

Alors oui, adulte j'interprète mieux l'urbanisme tel qu'il se déploie vers l'avenir et tel qu'il garde l'empreinte d'avant. Réhabilité, restauré, comme une robe de mariée portée voilà des lustres, un costume de gala ancien, qu'on remettrait aux mesures d'une femme, d'un homme nouveaux pour une nouvelle fête. Je vois bien les corons, l'habitat minier désormais (aujourd'hui quatre-vingt-dix mille foyers), tout ce qu'on nomme encore du numéro de la fosse disparue la plus proche, le 9, le 11, bénéficier de subventions européennes pour l'installation d'une isolation thermique, un ravalement. J'ai même écrit une nouvelle illustrée par François Boucq pour appuyer le dossier auprès des instances européennes. Je vois bien les courées roubaisiennes, lilloises transformées en logements de charme pour étudiants, en petites résidences de célibataires, les maisons début du siècle dernier, comme la mienne à La Madeleine, au plan immuable, salon, salle à manger, cuisine « en marteau », deux chambres à l'étage, deux au second, et cabinet de toilette sans eau courante, je les vois se transformer avec salles de bains, dressings, vérandas... Plus de mineurs, plus de tisserands, de grossistes en tissus, quelques descendants, des ayants droit, des veuves, mais surtout d'autres gens en ces murs que ceux qui étaient, dans mon enfance, assignés professionnellement à ces habitats. Ce sont des fantômes qu'on rhabille de neuf et qui en prennent des allures d'éternité.

Mais restent debout, du côté de Mouvaux, avant Tourcoing, des demeures façon Tudor, des châteaux, des bicoques arrogantes, avec de la morgue plein les vitraux, des fenêtres à meneaux, du faux Renaissance, du gothique de bazar, des maisons comme des bedaines de notaire avec gilet et chaîne d'oignon en or. Boulevard De-Gaulle à Roubaix, autrefois boulevard de Paris, encore une mélancolie toponymique, le flanc gauche a gardé la plupart de ces cénotaphes à la gloire du monde textile disparu. Sur le côté gauche on a démoli, construit du laid, comme si ici on n'avait droit qu'à du moche, bien suffisant pour la ville la plus pauvre de France en termes de revenu par habitant. Les maisons de maître où j'allais en boum pendant mes années lycée, transfuge social insolent avec les filles de la bonne société, dandy sans le sou, ces maisons immenses ont été détruites. Mais je pourrais dire chaque minute vécue là dans le parfum des demoiselles élèves du lycée de filles tout proche, où j'ai enseigné ensuite, et dont le cinéaste Arnaud Desplechin a été le premier élève masculin.

Je m'en rends compte maintenant, ces lieux et ces êtres parmi lesquels j'ai traversé mes jeunes années ont profondément changé. Bien sûr les deux évolutions, celle des gens et celle des villes et campagnes, sont liées. À Leforest, la hiérarchie des Houillères structurait la ville : les mineurs habitaient les corons, la cité du Bois, le Planty. Le porion pouvait habiter un des quelques chalets autrichiens, des sortes d'isbas tchékhoviennes en bois, dont il reste quelques exemples. Il pouvait aussi, assez rarement, se démarquer du monde de la mine et occuper un habitat séparé, comme mes grands-parents. Les directeurs et ingénieurs étaient logés dans de vastes bâtisses cossues, cubiques avec parc, mur d'enceinte et grille de fer forgé. Comme les médecins des Houillères qui avaient le monopole de la patientèle des mineurs, du diagnostic de la silicose donc.

J'en ai connu un qui portait des guêtres et méprisait le malade. Un gros type que j'ai giflé pour qu'il daigne s'occuper de l'ulcère variqueux de ma grand-mère maternelle. Pour moi, le bruit de la toux de silicosé, le raclement de gorge ensuite, et le silence de l'assemblée après ce signe de la mort qui vient, sont indissociables des corons où on me traînait chez le grand-oncle, la cousine lointaine, des intérieurs modestes et propres à pas croire où d'anciens mineurs de pas soixante ans attendaient de rendre le dernier souffle près de la cafetière toujours au chaud sur la cuisinière à charbon.

Et puisque je parle d'aïeule, un site qui me paraît tout résumer du destin de Leforest, du bassin minier, c'est le cabaret tenu par mon arrière-grand-mère. À un jet de gaillette d'un chevalement de mine, dans la plaine cultivée en contrebas de la même voie ferrée près de laquelle je suis né, il occupait l'angle de deux rues qui n'existaient pas et sont restées à l'état de projets, de sentiers noirs (ici, on dit des voyettes), faits de groaches, de mâchefer, de poussière de charbon, disparues avant que d'exister officiellement, d'avoir un nom au cadastre. Les mineurs les empruntaient avant de descendre au fond et ils apportaient ce poussier à leurs semelles, comme s'ils répandaient de leur vivant leurs propres cendres.

Une fois le chevalement démonté, la mine abandonnée, plus rien ne tenait des intentions de peupler ce coin, d'y bâtir. Cette mémé Amélie, née en 1872, dont j'ai encore dans mon salon le coffre à habits fabriqué pour son mariage vers 1900, faisait bistrot, marchand de charbon et gallodrome. Comme son mari avait tiré sept ans de service militaire dans les dragons, elle assumait seule sa petite entreprise, servait le genièvre aux mineurs, « du matin, de l'après-midi ou du soir » suivant la rotation des postes, dans des petits verres à gros cul (que je possède encore), faisait battre des coqs et livrait le charbon, attelée à une charrette à bras. Elle est morte en 69.

Les voyettes qui menaient chez elle et partaient de la maison où je suis né suivaient d'abord un mince ruisseau clair, de nos jours depuis longtemps recouvert et oublié, fréquenté par des sangsues. Avec mes copains de campagne, mes deux cousins issus de germains, tous de la rue Jean-Jaurès, une rue de fières petites gens dignes, forcément avec un nom pareil, on les attrapait pour les revendre au pharmacien. On en tirait des misères, de quoi s'acheter une glace les grands jours. On se baignait aussi dans ce ruisseau, en slip Petit Bateau, et on prenait l'avoinée des parents à chaque fois qu'on rentrait trempés et malgré tout, c'était bon d'exercer notre liberté. Pareil quand on allait marauder dans les vergers du coin, poires, pommes, groseilles à maquereau, cassis, cerises... J'ai appris dans ces expéditions le frisson, l'adrénaline provoquée par l'interdit bravé. Encore que nous ne risquions pas lourd vu que les vergers pillés étaient ceux de nos familles.

Un élément commun à ces deux espaces de ma jeune vie a aussi bien décliné, s'il ne se meurt. Le penchant des gens de la région pour les activités associatives. Il devait y avoir trop de sable dans ce ciment qui traversait les classes sociales et les origines nationales.

Mon grand-père maternel jouait du piston pour les mariages polonais qui défilaient à travers le village. Il faisait partie de l'harmonie municipale de Leforest. Il y côtoyait le gérant du magasin des Coopérateurs, l'imprimeur, un bistrot, un bijoutier, le boucher, des retraités, son frère Louis. Le chef de musique était le maire, également directeur de la brasserie locale désormais rasée. Tout ce monde répétait chaque samedi, à égalité devant les portées de notes. À égalité encore pour fêter la Sainte-Cécile dans un banquet où on servait par tradition des tripes. Nous étions quelques enfants, égaux pareil, à qui on servait un steak frites. Le jour où j'ai été admis aux tripes j'ai su que j'étais grand. J'ai embrassé la fille du bijoutier.

À Wattrelos mon père ne ratait pas une manifestation des œuvres laïques, ni la famille, nous trois ma mère et mon père, une ducasse à pierrots (saucisses frites) en faveur de ceci ou cela, un défilé des allumoirs (défilé populaire de lampions qui célèbre l'arrivée de l'automne) ou la fête des Berlouffes où on jette des poupées de chiffon du clocher de Saint-Maclou pour rappeler que les protestants assiégés dans l'église s'étaient voilà des siècles précipités de là-haut pour échapper aux troupes du duc d'Albe. Restent des effilochées de ces manifestations importantes dans ma jeunesse, des commémorations, presque des simulacres.

À Leforest, existaient trois cinémas (dont un dit « du curé » à une époque où la religion voulait encore édifier), un bal permanent. Fini. Dans l'agglomération lilloise le septième art a mieux résisté certes, le Colisée de Roubaix qui a vu chanter Brel pour la dernière fois en mai 67, demeure, mais dans le reste de la métropole ce ne sont que des multiplexes. Et à Wattrelos les quatre salles ont fermé.

Je viens de là, de ces deux mondes proches et si différents. Si j'écoute battre mon cœur, si je ferme les yeux, tout me revient, les bisous, mes promenades avec ma future femme à Roubaix, entre canal et cimetière, le bruit des conversations des mineurs, celui de la gamelle qui leur battait la ceinture. Ils longeaient la voie ferrée vers la cité, les yeux brillants dans leur figure charbonnée. J'ai encore le goût des bières bues à l'Hôtel de France, sur la Grand-Place de Roubaix, de celles bues *Aux amis* où j'ai croisé Jimi Hendrix et Madonna Louise Ciccone (je ne mens pas), à Wattrelos, de celles de *La Source*, place Saint-Michel à Lille, le couscous du jeudi au restau 1, le plus ancien de France, mes deuils aussi anciens et récents, mes disparitions à moi. Cette région m'a fait une jeunesse pleine, riche, et comme j'aime les paradoxes, j'ai toute cette absence à offrir aux gens plus jeunes, parce qu'ils ne savent pas que le monde nouveau en est constitué.

Toute écriture est une *nekuomanteia*, une consultation des disparus, et tout écrivain un Ulysse.

LE MENHIR ET LE BOULET

Daniel Rondeau

Congy, le village de mes grands-parents maternels où je passais l'essentiel de mes vacances, était logé au creux de deux côtes, Berlin et Troncenord, à une trentaine de kilomètres au sud-ouest d'Épernay. Il ne présentait aucun signe de distinction notable, à part son château où avait séjourné Maria Leczinska et qui avait appartenu, au début du siècle, à Jules Patenôtre, né dans le village voisin (Baye), fils d'un modeste notaire de campagne. Normalien, condisciple de l'égyptologue Gaston Maspero, Patenôtre était vite passé, sous la houlette de Jules Ferry, de la rue d'Ulm au Quai d'Orsay. L'imagination d'un enfant est aussi sérieuse que frivole. J'étais épris de caractères singuliers et d'horizons lointains. Patenôtre m'aurait comblé. Diplomate en poste à Tanger, à Téhéran, à New York, à Madrid, il avait épousé la fille d'un magnat américain de la presse, James Elverson, qui possédait notamment le *New York Herald Tribune*, mais son nom semblait effacé de la mémoire villageoise. Je n'avais pas entendu parler de lui, le parc restait à l'abandon, les portes des communs avaient été forcées.

Il m'était arrivé de rejoindre des garçons de mon âge pour de brèves expéditions d'inventaire dans ce grand palais désert. Nous n'y trouvions que l'écho inquiétant de nos pas qui nous poursuivait dans des corridors et des pièces vides. Rien ne subsistait de l'opulence de cette propriété, devenue pour quelques années un petit Versailles, dont les murs étaient couverts de tapisseries de la Savonnerie, et meublé de sièges portant l'estampille de Georges Jacob, ébéniste talentueux et prolifique, fournisseur de la Couronne au XVIIIe siècle. Dissimulé derrière de hauts murs et un apaisant pigeonnier, ce château qui ne laissait voir sa façade, ses toits et ses clochetons ardoisés que d'oblique, par la grille d'entrée qui s'ouvrait sur la route de Baye, ou de très loin, des coteaux de Gion ou de Berlin, n'était à mes yeux qu'un accessoire au charme dont je parais ce modeste village, à l'écart du monde et de la route Paris-Metz, qui avait été celle de la fuite à Varennes.

Par son agencement général, avec une rue principale qui formait un carré, avec des montées et des descentes, propices aux courses à vélo, ses ruelles, ses rus d'eaux souterraines ou résurgentes, le tête-à-tête de l'école et de l'église, ses sources et ses fontaines (Biscane), ses jardins, ses deux cafés, ses vignes, ses caves, le pressoir et le clos de mon grand-père, Georges Collin, ses noms de lieux-dits, les Savarts, les Cornabeaux, les Grès, les Loups, les Garennes, les Coutiaudes, les Jouglottes, Bésanger, les Roises, les Entre-Deux, les Blanches, Congy me semblait une sorte de prototype idéal du village français.

J'étais fier de savoir que Congy tirait peut-être son nom d'un mot d'origine romaine, *congius*, la conge étant une poterie de quatre litres servant d'unité de mesure pour les céréales et les liquides, fabriquée sur place avec l'argile locale. La fondation gallo-romaine du village ne faisait pas de doute. Les Romains nous avaient apporté la vigne. Et il était avéré que César avait laissé derrière lui des détachements de légionnaires campés sur toutes les éminences des environs. À la fin des années 1950, j'étais d'ailleurs bien le seul à m'écorcher les mollets dans les ronces sur la lisière du bois de Berlin à la recherche de la muraille d'un hypothétique oppidum. Il me semblait que, malgré l'aimable simplicité de nos vies, d'une rusticité sans âge, nous demeurions les bénéficiaires, par compte d'hoirie universelle, d'un reliquat de la puissance de Rome.

Il n'y avait pas que Rome. Nous avions eu une vie avant César. Quinze minutes à vélo me suffisaient pour rejoindre le menhir de Pierre frite, qui dressait sa masse imposante à gauche de la route de Courjeonnet, au bas d'un vaste champ en pente douce, et à l'orée d'une langue des marais de Saint-Gond, un ensemble de mares, d'étangs, de prairies et de bois humides qui s'étend sur quatre mille hectares et abrite une variété étonnante de faucons, de busards, de milans, de bécassines et de pies, dont la célèbre pie-grièche écorcheur qui empale ses proies vivantes sur des épineux transformés en lardoires. Pierre frite, classée au titre des Monuments historiques en 1889, était l'une des plus remarquables pierres dressées de Champagne.

La simple apparition de cet obélisque néolithique dans mon champ de vision suffisait. Les siècles glissaient à rebours entre mes mains. À l'ombre de Pierre frite, j'étais près des hommes des cavernes. Je les retrouvais partout. Après les labours, dans la vaste parcelle déclive qui hébergeait le menhir, quand les sols dégorgeaient. Éclats de silex, grattoirs, percuteurs, couteaux, des haches parfois, des pointes de flèches. Je n'avais qu'à me baisser. Si je levais les yeux, j'apercevais les grottes où des crânes trépanés avaient été retrouvés. Entre les roseaux et les laîches, ces vivaces aux feuilles crantées, au milieu des marais, j'imaginais sans peine ces maisons sur pilotis dont l'instituteur de Villevenard, archéologue amateur, m'avait montré un fragment fossilisé qu'il gardait au fond de sa classe au milieu de ses autres trésors.

Le baron de Baye, archéologue inspiré, antiquaire selon l'expression de l'époque, contemporain de Patenôtre, avait révélé à la Champagne une version inconnue de son visage, avant de léguer ses collections aux musées de Saint-Germain (don salué par Salomon Reinach à l'Académie des inscriptions en 1909) et au musée d'Épernay. La Sorbonne n'avait pourtant guère apprécié sa réussite d'archéologue à la mode XVIIIe, autodidacte et titré. Blessé dans sa passion et dans son honneur, Berthelot de Baye part pour Moscou et fait de sa vie un roman, avec de nouveaux chapitres qui s'écrivent dans l'Orient russe, au Caucase ou en Kirghizie. Il reprend des fouilles avec le soutien du tsar. Arrêté après la révolution de 1917, il est libéré grâce à la seconde épouse de Trotski et rentre à Paris pour mourir.

Tout autour de Congy, à Coizard, à Joches, à Toulon-la-Montagne, à Vert-la-Gravelle, il avait mis au jour plus d'une centaine de grottes d'habitation et d'hypogées, des minières de silex, des ateliers de taille. Sur notre terre, il y a trois mille ans, des hommes avaient vécu, travaillé le silex et les blocs de grès erratiques, creusé la craie avec leurs pics en bois de cerf, commercé avec des tribus éloignées. Quelques archéologues ont poursuivi de façon sporadique les fouilles du baron. Au tournant des années 1960, Bernard Chertier avait inventorié des champs d'urnes funéraires à Bannes. Au Mesnil-sur-Oger, célèbre village de la côte des Blancs, le maire, René Launois, un ami de captivité de mon père, avait appelé à la rescousse le célèbre André Leroi-Gourhan après la découverte d'un hypogée sous une vigne, aux Mournouards. Leroi-Gourhan avait dirigé la fouille et dressé la liste du mobilier de la grotte : une lame de hache, une herminette dans sa gaine en bois de cerf, 95 flèches et 45 couteaux. La grotte avait été remblayée. Depuis une décennie, j'ai le plaisir de voir revenir avec le printemps une équipe d'archéologues emmenée par

Rémi Martineau sur les sites découverts par Joseph de Baye, et qui forment l'un des bassins néolithiques les plus importants de l'Europe non méditerranéenne. Un siècle a passé. C'est long pour un passage de relais. Quelques braves avaient gardé la flamme. Deux instituteurs de Villevenard, Augustin Rolland et son gendre, Pierre Hu, ainsi que l'abbé Guillemain, curé de Congy, qui fut le scribe éclairé de notre histoire locale.

Le dolmen de Pierre frite avait été une pièce notable dans une constellation de grottes et de monuments, dolmens, menhirs alignés, cromlechs, comme à Stonehenge, qui avaient presque tous disparu, enterrés pour permettre la culture du sol, ou utilisés pour empierrer les chemins au XVIIe. Pierre frite était un survivant, seul de son espèce sur un terrain qui était une emprise communale. Une cathédrale de l'âge de pierre. Un chapitre à lui seul de notre Ancien Testament païen.

Depuis plusieurs années, un agriculteur, soucieux de ne pas perdre une perche carrée de ce terrain contigu au sien (bornes arrachées, bien sûr), labourait au ras du dolmen. Avant le premier confinement de mars 2020, il l'a percuté avec les crosses de sa charrue et l'a gravement endommagé. L'agriculteur a fait savoir qu'il était assuré. Un an plus tard, le fautif, qui n'a guère été gourmandé, continue d'exhiber sa morgue. Il ne se prive pas de labourer en frôlant la pierre amputée. Avec mes camarades de l'Unesco, depuis un certain temps, j'ai fait mon possible pour essayer de contrer, à Tombouctou, à Mossoul, à Bâmiyân ou ailleurs, les islamistes pressés d'éradiquer toutes traces de ce qui avait pu exister avant eux. Je n'aurais jamais imaginé que notre menhir de Pierre frite serait menacé par l'un des nôtres et que je serais obligé d'appeler à l'aide pour sauver cette pierre qui avait convoqué l'éternité sur le territoire de mon enfance.

Mgr Najeeb Michael, archevêque chaldéen de Mossoul, l'un des *monuments men* de notre temps (et aussi un familier de notre fête de la Saint-Vincent à Vert-Toulon), m'a raconté un jour que des snipers américains, après l'intervention en Irak de 2003, tuaient le temps en rafalant l'un des taureaux ailés de Ninive. La bêtise d'un paysan français ou d'un GI américain, les obsessions vengeresses d'un islamiste irakien relèvent de la même maladie de l'esprit : le mépris et la haine du passé. Ce venin avait coulé dans les veines des hommes de la Révolution et avait précipité les idéaux de 1789 vers des orgies de sang.

Cette cruelle facétie de l'histoire avait inscrit à son ordinaire la décapitation des vivants et des morts tirés de leurs tombeaux (comme Henri IV à Saint-Denis, en octobre 1793) mais aussi celle des statues. À Congy, les calvaires avaient été renversés, les croix bannies, les cloches descendues et fondues, les objets sacrés confisqués. Il faudra attendre le Consulat pour restaurer la liberté de culte. J'avais pu voir des visages martelés sous les porches des églises. Avec une plaque dans l'église de Congy à la mémoire de l'abbé Aubert, emprisonné puis déporté à Cayenne pour avoir refusé de prêter serment, c'étaient les seuls signes lisibles que la Révolution avait laissés derrière elle dans les villages. Personne n'en parlait.

Il n'y avait pas que Rome et Pierre frite. Sous l'Empereur aussi, nous avions vécu. Une des routes qui permettait de quitter Congy en direction d'Épernay conduisait au village voisin, premier posté à l'ouest sur le plateau, Champaubert. Quelques maisons seulement, à l'intersection de deux routes. J'exigeais toujours de mon grand-père qu'il passe par Champaubert quand je l'accompagnais livrer son vin à Épernay dans sa 203 commerciale. Un boulet fiché dans une façade témoignait que l'histoire avait frappé à la porte de cette maison.

Napoléon avait remporté à Champaubert la première victoire de sa campagne de France, le 10 février 1814. Rentré de Russie depuis un an, il avait guerroyé pendant toute l'année en Europe. La chance semblait l'avoir abandonné, il avait connu la défaite. L'armée fondait, ravagée par le typhus et des désertions massives. Le 25 janvier, Napoléon avait quitté Paris pour rejoindre l'ancien hôtel des Intendants de Champagne, où l'attendait le préfet, Bourgeois de Jessaint, son condisciple de Brienne. Les Russes et les Prussiens s'imaginaient déjà sur les Champs-Élysées.

Avec une armée de conscrits à peine formés mais héroïques, les Marie-Louise, très inférieure en nombre, Napoléon inflige plusieurs revers successifs aux coalisés. Trois coups de hache seront décisifs. Ils portent la signature, inimitable mais reconnaissable par tous ses ennemis, d'une « main qui avait brisé le monde », comme l'écrit Chateaubriand. Je connaissais bien ces aigles venus se poser sur les trois colonnes mémoriales de la plaine, avec leur couronne de canons. À Champaubert, à Montmirail et à Vauchamps, où mes parents, jeunes instituteurs, avaient fêté leur mariage au café Grenier, en bordure de la route. J'aimais ces points d'exclamation du paysage, maintenant défiguré par des éoliennes. Aujourd'hui encore, allant à Paris en voiture chaque semaine, je ne passe pas devant la colonne de Montmirail, la plus haute des trois, 18 mètres, avec des cannelures à côtes saillantes, sans pouvoir m'empêcher de chercher dans les dévers de la plaine les ombres de la cavalerie impériale.

Enfant, je leur préférais pourtant la *maison du boulet*. Le problème est que j'avais toujours beaucoup de difficultés à voir ce fameux boulet. De petite taille, encastré dans la brique au niveau du premier étage, dans une façade de treize fenêtres, en plein centre de Champaubert, il n'était pas repérable facilement. (Aujourd'hui, c'est plus simple, une plaque commémorative a été fixée à côté du boulet.) J'obligeais mon grand-père à ralentir ou même à s'arrêter pour avoir le temps de le débusquer. C'était ma boule de cristal. J'y lisais notre passé avec l'Empereur.

Une histoire s'animait. Des personnages apparaissaient. Ils traversaient les villages qui bornaient mon enfance. Ils étaient chez moi, mes invités en quelque sorte. Ils se nommaient Berthier, Grouchy, et même Blücher, le vieux Prussien, qui s'attarde à Vertus. J'entendais l'Empereur exiger de Marmont qu'il envoie ses artilleurs et ses canons par les marais de Saint-Gond, malgré le dégel, les six pieds de tourbe et les hautes eaux de l'hiver. Les paysans des villages voisins accouraient pour sortir les pièces les plus lourdes des ornières. Une fois le Petit Morin franchi, plus rien n'arrêtait Marmont auprès de qui se tenait l'Empereur. Il culbutait les flancs-gardes ennemis à Baye et à Bannay et déboulait sur le plateau de Champaubert avec ses cuirassiers. Les six mille Russes débandés se mettent à couvert. Certains fuient vers un bois voisin, d'autres entrent dans les maisons. L'infanterie française charge à la baïonnette et poursuit les fuyards vers le bois des Déserts, surnommé le Bois enchanté après la victoire. Les Russes laissent mille cinq cents hommes à terre. Trois mille hommes prisonniers, dix-neuf canons saisis. Le général russe et ses lieutenants sont parmi les captifs. C'est un conscrit qui a fait prisonnier le général Olsoufiev. Il ne le libère que devant l'Empereur qui remet la Légion d'honneur au jeune chasseur.

Je peux suivre Napoléon, acclamé par ses troupes, au soir de ce 10 février. Je le vois s'installer après la bataille dans la *maison du boulet,* conviant à dîner le général russe et ses lieutenants, les accueillant avec le sourire, leur offrant son chambertin, mais pensant à la suite, pressé de repartir vers Montmirail où il a déjà envoyé son infanterie et sa cavalerie. Après le dîner, l'Empereur écrit à Marie-Louise : « Victoire, fais tirer le canon. » Il quittera la *maison du boulet* le lendemain matin vers 5 heures. Les nuits sont courtes. « Ça y est, tu l'as vu ton boulet ? » me demandait mon grand-père, toujours un peu bourru avec moi. Derrière nous, un automobiliste s'impatientait. Mon grand-père redémarrait. Il tournait à droite, nous prenions la route d'Épernay, la ville aux 110 kilomètres de caves où je travaillerai plus tard pendant mes vacances d'étudiant, mais c'est une autre histoire qui commence.

LE REVENANT DE L'APPART'CITY

François Taillandier

Qu'est-ce que la demoiselle préposée à l'accueil des clients, à l'Appart'City du boulevard Pasteur, à Clermont-Ferrand, pouvait bien supposer à propos de ce monsieur à casquette qui, de loin en loin, réservait un studio pour deux nuits ?

Le plus probable est qu'elle ne supposait rien du tout, et même s'en fichait dans les grandes largeurs. Mais n'aurait-elle pas eu un frisson d'inquiétude si le monsieur à casquette lui avait dit ce qu'il était : un revenant ? Je me posais la question lors de mon dernier séjour à Clermont.

Le boulevard Pasteur traverse un quartier paisible, non loin du centre-ville mais cependant à l'écart. Des villas urbaines y furent édifiées à la fin du XIXe siècle et au début du XXe, certaines assez jolies. Sans doute des jardins furent-ils ensuite sacrifiés, au fil du temps, en sorte que des constructions plus tardives, et même assez récentes, alternent avec les vieilles façades décorées. C'est un quartier désuet, mais, serait-on tenté de dire, désuet par nature, suranné dès l'origine. Hors du temps. C'est peut-être pourquoi, lors de ce séjour, je m'y éprouvai comme un revenant.

Ce n'est pas la seule raison. Je ne séjournais plus à Clermont, de temps à autre, que pour m'occuper de quelques affaires familiales de plus en plus effilochées. Je constatais n'avoir plus, dans cette ville, que des souvenirs. J'en avais même à tous les coins de rue. Or, il est amusant, au passage, de se dire : « Tiens, j'avais une copine qui habitait là, rue Terrasse, au troisième… On écoutait des disques, on pouvait même faire du feu. » « Ah, là, c'était la librairie de M. Rome… Il était connu, Jean Rome. Dans sa toute petite librairie, on le trouvait, à toute heure, lisant ses livres. » Au bout de quelques reprises, cependant, cette captation par le passé est angoissante. Oui, j'étais un revenant. Plus rien ici ne m'advenait ou ne me pouvait advenir.

L'advenant : ce substantif n'existe peut-être pas, en ce cas je l'invente. Le passé n'est plus, l'avenir n'est pas encore, le présent est une illusion : il reste *l'advenant*.

Une jeunesse nombreuse – quelque trente mille étudiants de toutes disciplines – peuple aujourd'hui dans Clermont de vastes terrasses de cafés qui n'existaient pas lorsque j'étais étudiant moi-même. Ceux-là résident dans *l'advenant*, comme j'y existais ou résidais il y a plus de quarante ans. Ils n'ont plus ni nos vêtements, ni le même langage, ni les mêmes façons d'appréhender le monde. Il me semble que les filles cherchent davantage à être sexy ; les années soixante-dix, dans la foulée du mouvement hippie et des fariboles révolutionnaires, auraient vu là un signe d'aliénation à la société bourgeoise. Et l'on ne dira rien de l'indispensable smartphone… Nous en étions aux idées de Mai 68, aux diverses variantes du marxisme et de la révolution ; ils en sont plutôt au zadisme, à l'écologie, à l'interrogation sur les Big Data ou à Nuit debout. Qu'importe : c'est eux qui sont là, tout à l'advenant de leurs études, de leurs soucis, de leurs amours.

Peut-être, pour les revenants, le temps et la mémoire sont-ils plus vastes ? Ont-ils plus le loisir de s'y promener et d'y songer ? Je m'intéresse ici, par désœuvrement peut-être, à des traces sans conséquences du passé, des choses infimes. Non loin de l'Appart'City, il y a la maison d'un ferronnier d'art du début du XXe siècle, qui avait fait de sa façade une sorte de catalogue de ses capacités, avec des motifs végétaux, des volutes subtiles, des piques lancéolées, enfin de la ferraille forgée et tordue de toutes les façons. Un peu plus loin, on est en train de démolir les bâtiments de l'hôpital psychiatrique Sainte-Marie. Je me souviens que ma grand-mère appelait cet endroit le bois de Cros. « Celui-là, il est bon à emmener au bois de Cros ! » J'ai retrouvé cette dénomination, bien plus tard, sur une carte de la ville dessinée au XVIIe siècle. Les noms survivent longtemps : dans mon enfance, j'entendais encore appeler « rue Neuve » une artère tracée au XVIIIe siècle. Et personne ici ne saurait vous dire où est l'obélisque : lorsqu'il fut érigé, les Clermontois n'avaient de l'Égypte ancienne que des notions bien vagues et l'appelèrent, une fois pour toutes, la Pyramide. Le nom lui est resté.

L'ancienne gare routière, située dans les parages, est elle aussi en voie de mutation : elle va devenir un théâtre. Son superbe hall d'accueil, dû à un architecte du nom de Valentin Vigneron, sera préservé. Les bons observateurs notent qu'il a composé avec une série de « V » la décoration de la façade.

C'est à l'occasion des travaux préparatoires que l'on y a exhumé un splendide pied à sandale, en bronze, reste d'une statue colossale du temps des Romains, à présent exposé au musée Bargoin.

On n'a pas suffisamment conscience que le passé se transforme. Au musée archéologique, traditionnellement appelé le musée Bargoin, je contemple un squelette de jeune fille, inhumée en position fœtale quelque quatre mille ans avant notre ère ; une célèbre « mosaïque à la Gorgone », reconstituée verticalement au mur ; un extraordinaire Jupiter à cheval, terrassant un monstre anguipède (il est sans doute l'ancêtre de beaucoup de Saint-Georges, appelés parfois aussi Gorgon) ; et donc, cette trouvaille, ce pied géant dans sa sandale aux courroies minutieusement ornées. Ces objets, et nombre d'autres, n'étaient pas là il y a vingt ou trente ans, pour la bonne raison qu'on ne les avait pas découverts. L'archéologie préventive a fait évoluer à toute allure notre lointain passé.

Fils d'aubergistes de Vic-le-Comte, Jean-Baptiste Bargoin (1813-1885) devint pharmacien à Clermont et mit au point le produit qui devait faire sa fortune : un succédané de café, obtenu à partir de glands de chêne. On devine en lui le type du bourgeois éclairé et philanthrope ; une inscription sous son buste, sur la façade de la maison où il vécut, salue le « bienfaiteur des hospices ». Veuf et sans héritiers, il se fit évergète, léguant à la collectivité son domaine de Bellevue, à Chamalières (aujourd'hui le parc Bargoin), ainsi qu'une somme de deux cent mille francs pour que fût construit un musée des Beaux-Arts portant son nom. Ainsi fut fait ; dans mon enfance (et à mon souvenir), on y voyait surtout des tableaux pompiers.

Ce Clermont de la seconde moitié du XIXe siècle apparaît comme une ville ambitieuse, qui en quelques décennies s'enrichit des flèches de la cathédrale (signées Viollet-le-Duc), de la statue de Vercingétorix (signée Bartholdi), de son imposante préfecture, de l'Opéra municipal et du premier tramway électrique de France. Des édiles, sans doute tous barbus comme Bargoin, tous de bons notables, de bons bourgeois, des personnages de Flaubert en somme, sinon de Courteline, ont conçu ces projets, voté les budgets nécessaires, choisi les architectes et les sculpteurs ; ils ont disposé tout cela autour de ceux qui viendraient.

La plupart du temps, nous ne prêtons guère attention à ce que nos prédécesseurs firent pour nous : le lycée est là, le jardin est là, la bibliothèque est là… Nous sommes des enfants qui jouent et trouvent naturel que quelqu'un ait pourvu au goûter.

Je me demande pourquoi Vercingétorix a pu susciter un tel culte, très marqué ici (Gergovie n'est pas loin). Le soulèvement dont il se fit le chef ne dura pas plus de quelques mois. On sait qu'il ne fallut que six ans à Rome pour s'assurer la domination des Gaules, et qu'il n'y eut plus ensuite que des révoltes sporadiques. Dès l'an 69 de notre ère, le bon public de Lugdunum alla volontiers voir livrer aux bêtes le nommé Marice, après que les légions eurent exterminé du côté d'Autun les quelque huit mille paysans qu'il avait soulevés.

Oui, il est singulier que notre chère IIIe République se soit entichée de Vercingétorix, cet aristocrate chef de tribu, alors que logiquement, dans son désir d'ordre et d'administration, elle eût plutôt dû s'identifier à l'organisation romaine. Plusieurs générations d'écoliers ont entendu magnifier la bravoure de nos ancêtres gaulois, leur goût ombrageux de l'indépendance, avant qu'on ne leur chante au chapitre suivant les merveilles de la Gaule romaine ; et personne ne semblait voir la contradiction.

La langue gauloise disparut, nous dit-on, assez rapidement et sans faire d'histoires, du moins dans le réseau des routes et des villes, c'est-à-dire ce qui était à l'époque le monde connecté. Un chroniqueur du début du IIIe siècle mentionne qu'une vieille femme s'est adressée en langue gauloise à l'empereur Julien, qui passait par là ; le fait lui paraît assez curieux pour mériter d'être noté, et Fustel de Coulanges ajoute que c'est, à sa connaissance, l'ultime mention d'un locuteur gaulois dans tous les documents dont nous disposons. Un autre auteur, Sulpice Sévère, évoque de son côté un nommé Gallus, qui vient des montagnes du centre, et qui s'excuse auprès d'amis bordelais de son mauvais langage. « Parle donc celtique, ou si tu préfères, gaulois ! » lui disent-ils. Le même Fustel de Coulanges fait observer que c'est par manière de plaisanterie ; la suite du dialogue montre justement que Gallus parle couramment le latin, mais, sans doute, avec un accent ou des tournures moins raffinées que chez ces Aquitains cultivés.

La langue latine, adoptée au petit bonheur, serait mâchée et déglutie par des bouches et des gosiers gaulois, au point d'en être elle-même transformée. Que, s'il se trouva des esprits (parmi les druides, peut-être, que les Romains persécutèrent) pour percevoir cette dissolution et éventuellement s'en affliger, nous n'en avons aucune trace. Et pour cause : les Gaulois n'écrivaient pas. Régine Pernoud indique qu'ils utilisaient des lettres grecques dans le cadre du commerce et des finances. Mais il est singulier que des peuples parvenus à un degré de civilisation peu éloigné de celui de Rome, et qui savaient beaucoup de choses, n'aient jamais envisagé de soutenir par l'écrit la transmission de leurs traditions et connaissances.

Les dieux païens paraissent naturellement chez eux en Auvergne, pays de laves, de maars, de gours profonds, de sombres bois et de combrailles. C'est qu'ils en émanent. Borvo est un dieu lié à une source chaude ; il a légué son nom à La Bourboule, et au Bourbonnais. Galda, ou Galate, on ne sait pas très bien, a laissé le sien à la place de Jaude, centre de Clermont ; c'est bien tout ce qu'il a laissé. Quant au puy de Dôme, qui domine le panorama clermontois, il tire son nom d'un nommé Dumias, dont nous ignorons également tout, et qui céda aimablement la place à Mercure, lequel eut là-haut son temple et sa statue monumentale.

Mais tous ceux-là se laissèrent détrôner à leur tour, avec une facilité qui devrait nous étonner davantage qu'elle ne fait, par une religion beaucoup plus abstraite, et venue de loin. Ce n'était pourtant pas la simple substitution d'un nom à un autre, d'une déité à une autre déité à peu près semblable : ce fut un autre type de religion, un système de représentations et de pensée totalement différent. Cette considérable mutation se fit cahin-caha, en trois ou quatre siècles, ce qui est peu ; à croire avec Paul Veyne, le sceptique Paul Veyne, qu'une religion n'est rien de plus qu'une vérité imposée par des fanatiques à des indifférents.

Pour évoquer cela, il faut que je me déplace à vingt-cinq kilomètres de là, dans la petite ville de Lezoux, située sur l'itinéraire de Clermont à Lyon, où ma famille posséda une maison pendant quelque cent trente ans.

Construite au début du XIXe siècle, l'église de Lezoux eut le bon esprit de ne pas ressembler aux maigres répliques d'architecture gothique dont la France est parsemée. Elle est plutôt provençale. Elle a des colonnes classiques. Peut-être l'architecte qui la conçut songea-t-il qu'on était en pays romain. À Lezoux se voient déjà les génoises au bord des toits ; à Lezoux prospéra aux temps gallo-romains une florissante industrie de poteries. L'église de Lezoux appartient à un autre univers que celui de notre Moyen Âge, qui domine le reste de l'Auvergne.

Elle est romaine aussi, bien sûr, par sa dédicace à saint Pierre, dont on voit l'emblème (les clefs) sur la façade. Pourquoi ce choix ? Je l'ignore. Mais ici, on est clairement dans le catholicisme romain, on est chez des Gallo-Romains christianisés.

Combien de fidèles auront, toute leur vie, fréquenté cette église sans prêter attention au grand vitrail de l'abside, derrière le maître-autel ? Si je pose cette question, c'est que moi-même, je ne m'y suis intéressé que tardivement. On y voit un pape, reconnaissable à sa tiare, bénir des voyageurs – ce que signalent, à l'arrière-plan, des mâtures de bateaux. Nous sommes à Ostie.

L'inscription au-dessous est la suivante : *Sanctus Stremonius mittitur apud Arvernos*. Le nommé Stremonius, ou Austremoine, est envoyé « chez les Arvernes ». On a longtemps considéré que ce pape était l'apôtre Pierre lui-même. Le peu que l'on sait d'Austremoine et des six autres évangélisateurs des Gaules conduit plutôt à dater l'entreprise du IIIe siècle, mais le blason archiépiscopal de Clermont continue de conjoindre Pierre et Stremonius.

Il est plus que probable que ce dernier, venant de Lyon, ait fait étape à *Ledosum* ; en témoigne la légende de Gerlène et Fabius. Fabius, jeune officier romain, s'était épris de Gerlène, une petite bergère chrétienne. Et voici que des enragés chrétiens, les Polyeucte locaux, fomentèrent une émeute et mirent le feu aux temples païens. Averti par Gerlène que la majorité des chrétiens ne les soutenaient pas, Fabius tenta de s'interposer et de calmer le jeu. Il fut pris à partie et massacré par la populace païenne ainsi que par ses propres soldats. C'est alors que Stremonius, qu'on se disposait à supplicier, se pencha sur lui et prononça les formules du baptême. Un violent orage éclata à ce moment, éteignant tous les feux ; ce que voyant, la foule tomba à genoux et se convertit.

C'est un peu plus loin, à Issoire, que Stremonius connut le martyre, et que lui est consacrée une des plus belles églises romanes de la région. Lui comme ses acolytes parlaient latin en s'adressant aux populations, ce qui tend à donner raison à Fustel de Coulanges. Mais il est vrai que plus haut, dans les montagnes, l'évangélisation fut peut-être plus lente.

J'aime bien cette église de Lezoux, où mes ascendants ont prié, où mes enfants ont reçu le baptême. C'est là, un soir de Noël, que j'ai fini par me dire que j'étais un chrétien, parce que c'est une évidence, parce que c'est comme ça. Ici je songe à ce que les âges, les générations, le temps, ont installé autour de nous, qui sommes parfois si oublieux, si futiles.

Je ne savais pas, en commençant ces lignes et en évoquant « mon dernier séjour à Clermont » que ce serait peut-être bel et bien, en effet, le dernier. Je n'aurai guère désormais, pour retourner là-bas, d'autre motif que d'aller déposer, de loin en loin, des fleurs sur une tombe. Quant au petit nombre d'amis et relations que j'ai encore dans ma ville natale, et que je reverrais certes avec plaisir, justifiera-t-il à lui seul un séjour ? Voilà le genre de chose que l'on juge possible, souhaitable même, mais dont je soupçonne qu'en fin de compte, puisqu'on peut le faire à tout moment, ce n'est jamais le moment.

Et l'on ne sait pas, bien sûr, ce que l'avenir nous réserve, mais je crois néanmoins sans trop risquer d'erreur qu'il n'y aura là-bas, pour moi, plus d'advenant. Les études, les projets, les amours, les idées politiques bruiront sans moi dans de jeunes têtes et de jeunes corps aux vastes terrasses des nouveaux cafés. En suis-je triste ? Non. Nostalgique ? Non plus.

Peut-être un peu mélancolique. Je relis ce qui précède et me demande ce que j'ai voulu raconter, pourquoi il m'a plu, moi le revenant de l'Appart'City, de me souvenir de Jean-Baptiste Bargoin et des dieux gaulois, du vitrail de saint Austremoine et du nom d'un architecte, de l'adresse d'une copine et d'une librairie disparue. Je crois pouvoir dire, en fin de compte, que c'est un récit sur le passage du temps.

Table

Dans la même collection :

Conversation avec Jérôme Fourquet, avril 2025.
Conversation avec Amélie Nothomb, avril 2025.
Conversation avec Christiane Taubira, avril 2025.
Conversation avec Bruno Latour, novembre 2024.
Conversation avec Mona Ozouf, novembre 2024.
Conversation avec Françoise Chandernagor, juin 2024.
Conversation avec Edgar Morin, juin 2024.
Conversation avec Michel Serres, juin 2024.

Chemins intimes, collectif, juin 2024.

La fermière tuée par sa vache et autres faits divers, Christophe Boltanski, mai 2024.

Cet ouvrage a été mis en pages par

<pixellence>

Achevé d'imprimer en mai 2025
par Normandie Roto Impression s.a.s.
61250 Lonrai
N° d'impression : 2501549
N° d'édition : 652273-0
Dépôt légal : mai 2025

Imprimé en France